當先賢思想交鋒，文明如何選擇？歷史早已給出答案！

百家哲學

哲學流派與經典著作

肖東發 主編
高立來 編著

從仁政到法治，從無為到權謀
探索 儒、道、法 哲學精髓，汲取人生治世之道

思想碰撞、智慧交鋒
諸子百家碰撞激盪，留下影響千年的智慧遺產

目錄

序言

仁政之道：儒家經典的核心思想

周公旦與《周禮》：奠定禮樂制度的智慧…………011

孔子與《論語》：儒家思想的奠基者………………016

曾子與《大學》：修身齊家治國的核心法則………022

子思與《中庸》：平衡之道與人生智慧……………026

孟子與《孟子》：仁政與民本思想的倡導者………031

荀子與《荀子》：性惡論與法治觀的融合…………037

董仲舒與《春秋繁露》：罷黜百家，獨尊儒術……042

二程與《二程集》：宋代理學的奠基者……………047

朱熹與《朱子語類》：四書精解與新儒學…………052

王陽明與《陽明全書》：知行合一的心學大成……056

目錄

順應天地：道家思想的智慧精髓

《易經》：萬物變化的宇宙法則……………063

老子與莊子：道家思想的雙璧……………070

列子與《列子》：超然物外的智慧…………076

王弼與玄學：「無」的哲學與人生境界………081

嵇康與竹林七賢：自由思想的象徵…………086

郭象與獨化論：玄學思想的深化與詮釋………091

法治天下：法家學派的治國理念

管仲與《管子》：春秋時期的改革先驅………099

商鞅與《商君書》：變法圖強的治國之策………105

申不害與法家：以術治國的權謀之道…………111

韓非與《韓非子》：法術勢的完美結合…………117

李斯與法家思想：秦朝帝王術的實踐者…………122

思想交鋒：諸子百家的繁榮與影響

墨子與《墨子》：兼愛非攻的社會理想…………131

惠子與公孫龍：名家的邏輯與辯證智慧…………137

鄒衍與五德終始：陰陽學說的奠基者……………145

鬼谷子、蘇秦與張儀：縱橫家的權謀智慧………150

呂不韋與劉安：雜家的包容與博采眾長…………157

許行與農家學派：勞動與理想社會的探索………164

孫武與《孫子兵法》：兵家的戰爭智慧……………170

扁鵲與《難經》：醫家學派的診斷智慧……………178

慧能與《肇論》：禪宗六祖的心性哲學……………184

王充與《論衡》：無神論與理性批判………………192

目錄

序言

　　浩浩歷史長河，熊熊文明薪火，中華文化源遠流長，滾滾黃河、滔滔長江，是最直接源頭，這兩大文化浪濤經過千百年沖刷洗禮和不斷交流、融合以及沉澱，最終形成了求同存異、兼收並蓄的輝煌燦爛的中華文明，也是世界上唯一綿延不絕而從沒中斷的古老文化，並始終充滿了生機與活力。中華文化曾是東方文化搖籃，也是推動世界文明不斷前行的動力之一。早在500年前，中華文化的四大發明催生了歐洲文藝復興運動和地理大發現。中國四大發明先後傳到西方，對於促進西方工業社會發展和形成，曾帶來了重要作用。

　　中華文化博大精深，是各族人民五千年來創造、傳承下來的物質文明和公德心的總和，其內容包羅萬象，浩若星漢，蘊含豐富寶藏。中華文化薪火相傳，一脈相承，弘揚和發展五千年來優秀的、光明的、先進的、科學的、文明的和自豪的文化現象，融合古今中外一切文化精華，建構具有特色的現代民族文化，展示中華民族的文化力量、文化價值、文化形態與文化風采。

序 言

　　為此，在相關專家指導下，我們收集整理了大量古今資料和最新研究成果，特別編撰了本套大型書系。主要包括獨具特色的語言文字、浩如煙海的文化典籍、名揚世界的科技工藝、異彩紛呈的文學藝術、充滿智慧的中國哲學、完備而深刻的倫理道德、古風古韻的建築遺存、深具內涵的自然名勝、悠久傳承的歷史文明，還有各具特色又相互交融的地域文化和民族文化等，充分顯現了厚重文化底蘊。

　　本書縱橫捭闔，採取講故事的方式進行敘述，語言通俗，明白曉暢，形象直觀，古風古韻，格調高雅，具有很強的可讀性、欣賞性、知識性和延伸性，能夠讓讀者們感受到中華文化的豐富內涵。

肖東發

仁政之道：
儒家經典的核心思想

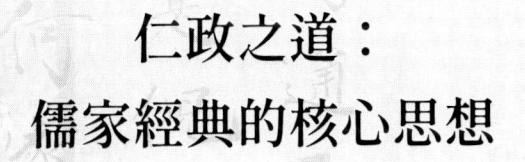

仁政之道：儒家經典的核心思想

　　華夏民族經過長期發展，在夏、商、周時期，已經形成了一定的價值觀和行為規範。到了春秋時期，由於諸侯爭霸，導致「禮崩樂壞」。魯國思想家孔子在總結、概括和繼承夏、商、周三代傳統文化的基礎上，提出了「仁、義、禮、智、信、恕、忠、孝、悌」的主張，建立了一種新的和諧秩序。

　　孔子順應了歷史發展潮流，他所創立的儒家學可以說是當時最重要的學派。儒家思想後經孟子、董仲舒等人的進一步發展，成為了中國古代的主流思想，誕生了一系列儒家經典著作，代表了儒學思想的傳承，對後世有巨大的影響。

周公旦與《周禮》：奠定禮樂制度的智慧

　　那是在西周初年，周武王姬發在滅商建周後的第二年，忽然重病纏身，臥床不起。臨終之時，周武王拉著自己的弟弟周公的手，希望他輔佐周成王姬誦掌管國事。

　　周公，姓姬名旦，又稱叔旦，是周文王姬昌第四子，周武王的弟弟。因其采邑在周地，爵位為公，所以人們稱他為「周公」或「周公旦」。

　　周公在周武王臨終之際受命攝政，深感自己肩負的使命，關乎周王朝的興衰。當時周成王年僅13歲，周公輔佐周成王，殫精竭慮，勵精圖治，進一步鞏固了西周政權。

　　周武王的另外兩個弟弟管叔和蔡叔對周公輔政心中不服，他們四處散布流言蜚語，說周公有篡奪王位的野心，有可能謀害年幼的周成王。

　　周公聽到這些話後，他便同時對輔佐朝政的大臣太公望和召公說：「我之所以不顧個人得失而承擔攝政重任，是怕天下不

穩。如果江山變亂，生靈塗炭，我怎麼能對得起列祖列宗？」

為了避嫌，周公讓兒子伯禽遷到封地魯國去居住，他叮囑伯禽說：「我是武王之弟、成王之叔父，論身份地位，在國中是很高的了，但是我時刻注意勤奮儉樸，謙誠待士，唯恐失去天下的賢人。你到魯國去，千萬不要驕狂無忌。」

為了讓這眾多的邦國對周王朝心悅誠服，周公總結「三皇五帝」時期的治世理念，甄別夏、商兩個朝代的利、害、得、失，決定為千秋萬世制定一套順天理、達人情的典章制度和禮儀規定。史稱「制禮作樂」。

周公在制定禮樂制度時，主要制定了「畿服」制、「爵謚」制、「法」制、「嫡長子繼承」制和「樂」制等，其中最重要的是嫡長子繼承制和貴賤等級制。

另外，周公旦還制定了一系列嚴格的君臣、父子、兄弟、親疏、尊卑、貴賤的禮儀制度，以整頓中央和地方、王侯與臣民的關係，加強中央政權的統治。為了讓周王「治天下如指之掌中」，周公把典章制度和禮儀規定制定得非常詳細和具體。

周公制定的禮樂制度，是維護周王朝等級制度的政治準則和道德規範，其吉禮、嘉禮、凶禮、賓禮、軍禮強調的是身份和地位的區別，因此，「禮」是一種等級制度和規範。

樂是配合各貴族進行禮儀活動而製作的舞樂，作用是「和」，即改善上下左右的人際關係，目的是為了鞏固周朝內部

的團結。舞樂的規模，也必須同級別保持一致。

　　作為完善的國家典制，禮樂制度把一切事物都安排得井然有序。周公把這一系列典章制度制定後，他便把朝政還給周王掌管。為了讓周王用心治理國家，周公在還政周成王時，還作了〈多士〉、〈無逸〉等訓戒名篇，贈與周成王，這便逐漸演變成了後來的《周禮》。

　　《周禮》原名《周官》，是周公旦所著的一部透過官制來表達治國方案的著作。《周禮》以〈天官〉、〈地官〉、〈春官〉、〈夏官〉、〈秋官〉、〈冬官〉等6篇為間架。書中所涉及之內容極為豐富，大至天下九州，天文曆象；小至溝洫道路，草木蟲魚。凡邦國建制，政法文教，禮樂兵刑，賦稅度支，膳食衣飾，寢廟車馬，農商醫蔔，工藝製作，各種名物、典章、制度，無所不包，堪稱為上古文化史之寶庫。

　　《周禮》對官員、百姓，採用儒法相容、德主刑輔的方針，不僅顯現了相當成熟的政治思想，而且有著駕馭百官的管理技巧，其管理府庫財物的措施，嚴密細緻，相互制約，體現了高超的運籌智慧。

　　《周禮》作為一部治國綱領，成為後世歷代政治家取法的楷模。書中有許多可以借鑑的制度，歷史上每逢重大變革之際，多有把《周禮》作為重要的思想資源，從中尋找變法或改革的思想武器者。

仁政之道：儒家經典的核心思想

【旁注】

采邑：中國古代國君封賜給卿大夫作為世祿的田邑。也叫「埰地」、「封地」、「食邑」。封建社會君主賞賜給親信、貴族、臣屬的土地，包括土地上的農民。受到這種賞賜的人必須效忠君主，並承擔進貢和在戰時提供兵員的義務；有管轄采邑百姓的權利，並課徵租稅。初為終身占有，後變為世襲。

太公望（西元前1156年～前1017年）：即姜子牙，姜姓，周文王賜姓呂氏，名尚——名望，字子牙，或單呼牙，也稱呂尚，別號飛熊。他先後輔佐了六位周王，因是齊國始祖而稱「太公望」。西周初年，被周文王封為「太師」。

禮：禮在中國古代是社會的典章制度和道德規範，禮主要對人的身份進行劃分和社會規範，用於定親疏，決嫌疑，別同異，明是非，最終形成等級制度。作為典章制度，它是社會政治制度的展現。

樂：主要是基於禮的等級制度，利用音樂緩和社會矛盾。「禮」所強調的是秩序，其要解決的核心問題是尊卑貴賤的區分，其重點是和諧，最後達到政治穩定、社會和諧、人民安居樂業的理想目標。

《尚書》又稱《書》、《書經》，為一部多體裁文獻彙編，長期被認為是中國現存最早的史書，該書分為〈虞書〉、〈夏

書〉、〈商書〉、〈周書〉。戰國時期總稱《書》,漢代改稱《尚書》,即「上古之書」。

周公旦:周公,是周代的爵位,得爵者輔佐周王治理天下。歷史上的第一代周公姓姬名旦,周文王姬昌第四個兒子。因封地在周,也稱為周公或周公旦。為西周初期傑出的政治家、軍事家和思想家,被尊為儒學奠基人,孔子一生最崇敬的古代聖人之一。

賦稅:指田賦及各種捐稅的總稱,依照法律或習俗徵收的款項,尤其是指應付給政府的費用。在中國古代,賦稅是百姓要上繳給國家的稅收,支撐著整個國家的運作與發展。賦稅文化是中國傳統文化的重要組成部分。

【閱讀連結】

周武王滅掉商紂王後,對如何處置殷商遺民和商貴族的問題一時拿不定主意。於是,周公建議周武王:讓殷人在他們原來的住處安居,耕種原來的土地。同時,把他們當中有影響有仁德的人爭取過來為周王所用,這樣就能化解殷人對我們的仇恨,臣服周室。周武王便採取了周公的這些建議,將其付諸實施。

周公這種放殷人生路,就地安置,分化瓦解的政策,有效地爭取了殷人,讓殷人對周王朝心悅誠服,因而鞏固了西周政權。

仁政之道：儒家經典的核心思想

孔子與《論語》：儒家思想的奠基者

在中國東周時期，周王室東遷後日益衰微，逐漸喪失了宗主地位，各個諸侯為了爭奪霸主地位，開始了長期的兼併戰爭。

這期間，魯國的孔子面對「禮崩樂壞」的社會現實，痛心疾首。為了建立一種新的秩序和規則，他決心恢復周公建立的禮樂制度，提出「克己復禮」的主張，並用「仁」對「禮」進行改造，提出並完善了「仁學」理論。

孔子認為，「仁」就是「愛人」，就是對人要尊重、關心和體諒。「仁」既是每個人必備的修養，又是治國平天下必須遵循的原則。

孔子把孝悌看成「仁」的根本，他把「仁」運用到政治領域，就是重視人民，關心百姓的疾苦，就是「德治」。為了實踐「仁」，孔子十分重視「禮」，主張克制自己，使自己的言論行為都符合禮的要求。

一天，孔子的學生子貢向孔子請教：「老師，什麼是仁？如何做到仁？」

孔子回答:「克制自己,恢復周禮,就是仁;以周禮為標準,時時處處嚴格要求自己,使自己的言行符合周禮,就是做到仁了!」

為了實現自己的這一政治主張,孔子經過了長達 15 年在各諸侯國的遊說。然而,由於當時各諸侯國都忙於戰爭,並沒有誰採納他以「仁」治國的政治主張。

顛沛流離十幾年後,年近 70 歲的孔子在未實現自己政治主張的情況下,回到魯國,專事講學和歷史文獻的整理,並把自己的政治主張和思想抱負傾注於筆端,成為中國歷史上私學的開山鼻祖,開創了影響中國知識份子 2,000 多年的儒家學派。

孔子一生從事教育事業達 40 多年之久,門生眾多。據史料記載孔子弟子有 3,000 人,其中才華出眾、品德優良者 72 人。

孔子去世後,他的主要弟子及其再傳弟子將孔子的言行整理成書,書名叫《論語》,內容包括孔子談話、孔子答弟子問、弟子之間的相互討論以及弟子對孔子的回憶等,集中體現了孔子的政治主張、論理思想、道德觀念及教育原則等。

《論語》成書於戰國初期,西漢時流傳有《魯論語》、《齊論語》和《古論語》3 種抄本。西漢末安昌侯張禹以《魯論》為基礎,合《魯論》、《齊論》為一,稱《張侯論》。東漢末鄭玄又

以《張侯論》為底本，參照《齊論》、《古論》作《論語注》，遂為《論語》定本，被列為「七經」之一。

南宋時，著名思想家朱熹將《論語》和《孟子》以及《禮記》中的《大學》、《中庸》合編為「四書」，又與《詩經》、《尚書》、《禮記》、《周易》、《春秋》並稱為「四書五經」。後來成為讀書人科舉考試的必讀書目，對後世影響很大。

《論語》作為一部涉及人類生活諸多方面的儒家經典著作，許多篇章談到做人的問題。

孔子認為，一個人要正直，只有正直才能光明磊落，只有心中坦蕩，做事才沒有擔憂。

做人要重視「仁德」，這是孔子在做人問題上強調最多的問題之一。在孔子看來，仁德是做人的根本，是處於第一位的。孔子還認為，只有仁德的人才能無私地對待別人，才能得到人們的讚揚。

孔子提出仁德的標準，就是剛強、果斷、質樸、語言謙虛的人，這樣的人接近於仁德。同時他還提出實踐仁德的5項標準，即：「恭、寬、信、敏、惠」，即恭謹、寬厚、信實、勤敏、慈惠。他說，對人恭謹就不會招致侮辱，待人寬厚就會得到大家擁護，交往信實別人就會信任，做事勤敏就會取得成功，給人慈惠就能夠很好使喚民眾。孔子說能實行這五種美德

者，就可算是仁了。

孔子強調做人還要重視全面發展。他說：

> 志於道，據於德，依於仁，游於藝。

意思是說，志向在於道，根據在於德，憑藉在於仁，活動在於「六藝」，即「禮」、「樂」、「射」、「御」、「書」、「數」。只有這樣，才能真正地做人。

《論語》是研究孔子思想的主要資料。一部《論語》，將孔子及其門生有限生命融入到無盡歷史中，創造了中國古代光輝的人文主義精神，被後人譽為「天不生仲尼，如萬古長夜」，「半部《論語》治天下」。

【旁注】

克己復禮：儒家指約束自己，使每件事都歸於「禮」。「克己復禮」是達到仁的境界。孔子在早年的政治追求中，一直以恢復周禮為己任，並把克己復禮稱之為仁。顏淵向孔子詢問什麼是仁以及如何才能做到仁，孔子便做出了這種解釋。因此，可以把克己復禮視為孔子早年對仁的定義。

子貢（西元前520年～前456年）：端木賜，複姓端木，字子貢。孔子弟子。春秋時期著名政治家、儒商之祖。子貢利口巧辭，且有幹濟才。曾任魯、衛兩國之相。他還善於經商之

道，富致千金，為孔子弟子中首富。孔子去世後，子貢守喪6年，為孔子弟子中為孔子守喪最長者。

《論語》：儒家的經典著作之一，由孔子的弟子及其再傳弟子編撰而成。它以語錄體和對話文體為主，記錄了孔子及其弟子言行，其中表現了孔子的政治主張、倫理思想、道德觀念及教育原則等。它作為一部涉及中國春秋時期人們生活諸多方面的儒家經典著作，在許多篇章都談到了做人，對後世文學發展影響巨大。

《禮記》：是中國古代一部重要的典章制度書籍，儒家經典之一。該書編定是西漢禮學家戴德和他的侄子戴聖。後來這部書便盛行不衰，並由解說經文的著作逐漸成為經典，到唐代被列為「九經」之一，對後世影響巨大。

【閱讀連結】

孔子周遊列國回魯國後，受到國君魯哀公的召見。魯哀公問政於孔子，孔子認為，國君為政之要在於選臣，並對此作了詳細的回答。

孔子認為，國君為政在於執掌國家大事，而國家各方面的大事要靠各方面的大臣去辦理，大臣選得好，國家就治理得好。堯、舜、禹、湯、周文王、周武王皆注重用優秀的大臣，

結果,都把國家治理得很好。所以,對於國君來說,選臣是至關重要的大事。魯哀公對孔子的回答很滿意。

仁政之道：儒家經典的核心思想

曾子與《大學》：
修身齊家治國的核心法則

　　孔子有3,000多位學生，所以學生都聽過孔子講解堯、舜、禹及西周時期的先王之道，但卻只有曾子一個弟子明白其中的真義。於是，曾子把孔子的講解寫成書籍《大學》作為其傳講精義，並在此基礎上加以發揮和說明，流傳到後世。

　　曾子姓曾名參，是春秋末期魯國人，他的祖先是五帝之首黃帝，也是夏禹王的後代，曾參是太子巫的第五代孫，被列為孔子門徒「七十二賢」之一，孔子去世後，曾子參積極推行儒家主張，傳播儒家思想，開始聚徒講學，門下有不少弟子，被人們尊稱為曾子。孔子孫子孔伋，字子思，師從曾參，子思學成之後又傳授給孟子。

　　曾參上承孔子之道，下啟「思孟學派」，對孔子的儒學學派思想既有繼承，又有發展和建樹。曾參以他的建樹，成為與孔子、顏子、子思、孟子比肩共稱為儒家五大聖人。

　　曾參作為是孔子學說的主要繼承人和傳播者，在儒家文化

中具有承上啟下的重要地位，他著述有《大學》、《孝經》等儒家經典，後世儒家尊他為「宗聖」。

曾子認為，人們只有知道自己應該達到的境界，才能夠志向堅定的走下去。因此，他在《大學》中系統地總結了先秦儒家的倫理政治思想，旨在於弘揚人們光明正大的品德，使人達到最完善的境界。

《大學》為「初學入德之門也」。一章提出了明明德、親民、止於至善3條綱領，又提出了格物、致知、誠意、正心、修身、齊家、治國、平天下8個條目。八個條目是實現3條綱領的途徑。在8個條目中，「修身」是其中最根本的、具有決定意義的一步。又十章分別解釋明明德、新民、止於至善、本末、格物致知、誠意、正心、修身、齊家、治國平天下。

《大學》在唐代被尊為經書，南宋以後被列為「十三經」之一。《大學》文辭簡約，內涵深刻，影響深遠。作為中國古代社會後期最重要的儒家經典之一，兩千年來，無數仁人志士由此登堂入室以窺儒家之門，對人們如何做人，做事，立業等均有深刻的啟發作用。

【旁注】

黃帝（西元前2717年～前2599年）：華夏上古時代一位著名的部落聯盟首領，華夏民族的共主，「五帝」之首。黃帝

在位期間，播百穀草木，大力發展生產，始制衣冠、建舟車、制音律、創醫學等。被尊為中華「人文初祖」。

孔伋：字子思，孔子之孫，生於西元前483年，戰國初期魯國人。是春秋戰國時期著名的思想家，儒家的主要代表之一。與孔子、孟子、顏子、曾子比肩共稱為五大聖人。因此舊時以子思、孟子、顏子、曾子配祀孔子於孔廟，所以又與孟子、顏子、曾子並稱「四配」。

格物：意為窮究事物的道理或正人的行為，「格」在這裡有「窮究」的意思。格物致知，是中國古代儒家思想的一個重要概念，乃儒家專門研究「物之理」的學科，後失佚。格物為儒家認識論方法論的重點，三綱八目中「八目」之基石。

南宋：從西元1127年到1279年，是北宋王朝的接續，是北宋滅亡後宋室皇族在江南建立的政權。同時也是中國歷史上經濟發達、文化繁榮、科技進步的一個朝代。南宋雖偏安於淮水以南，但它是中國歷史上經濟最發達、科技發展、對外貿易和對外開放程度較高的一個王朝。

【閱讀連結】

有一天，曾子夫人到集市上去趕集，他的兒子哭著鬧著也要跟著去，他母親說：「你先回家待著，待會兒我回來殺豬給

你吃。」沒多久,曾子夫人剛從集市上回來,就看見曾子要捉小豬去殺,她就勸止說:「我只不過是跟孩子開玩笑罷了。」

曾子說:「這可不能開玩笑啊!小孩子沒有思考和判斷能力,要向父母親學習,聽從父母親給予的正確的教導。現在你欺騙他,這就是教孩子騙人啊!母親欺騙兒子,兒子就不再相信自己的母親了,這不是正確教育孩子的方法啊。」

仁政之道：儒家經典的核心思想

子思與《中庸》：平衡之道與人生智慧

在孔子的弟子中，曾參是孔子的正宗門人。其後由曾參再往下傳，又回傳到孔子嫡孫子思那裡。子思，名孔伋，子思是他的字。

由於孔子一貫重視對後代的培養和教育，所以對於孫子子思也同樣寄予厚望。

有一次，子思問孔子道：「爺爺，您是不是擔心子孫不學無術辱沒家門？」

孔子十分驚訝，問子思：「你是怎麼知道的？」

子思回答說：「父親劈了柴而兒子不背就是不孝。我要繼承父業，所以從現在開始就十分努力地學習絲毫不敢鬆懈。」

孔子聽後欣慰地說：「你能做到這樣，我不用再擔心了。」

子思在祖父孔子的教育下初步接受了儒家思想。孔子去世後，子思又跟隨孔子弟子曾子學習。從曾子那裡，子思繼續學習孔子思想的真傳。

戰國時期，湧現出一批策士。他們四處奔波，遊說諸侯，

子思與《中庸》：平衡之道與人生智慧

為之出謀劃策，以追求個人名利。這時學界已經與孔子聖學相去已遠，各種異端邪學已繁衍起來。

子思怕時日久遠的道統的真正學問會流失，所以他按照堯舜相傳的「道」，加之平日從祖輩、父輩和老師之處所得的見聞，相互參照演繹，作成《中庸》一書。

「中庸」是指以不偏不倚、無過無不及的態度為人處世，「中」是中和、中正的意思，「庸」是常、用的意思。「中庸」一詞最早出現在《論語》一書中，然而它作為一種思想卻有久遠的歷史淵源。

子思認為，喜怒哀樂的情感還沒有發洩出來的時候，心是平靜的，無所偏倚，這就叫做「中」；如果情感發洩了出來能合乎節度，沒有過與不及，這就叫做「和」。

「中」是天下萬事萬物的根本，「和」是天下共行的大道。人如果能把「中」、「和」的道理推而廣之，那麼天地之間一切都會各安其所，萬物也都各遂其生了。

子思在儒家學派的發展史上占有重要的地位，他上承孔子中庸之學，下開孟子心性之論，並由此對宋代理學產生了重要而正面的影響。因此，北宋徽宗年間，子思被追封為「沂水侯」；元文宗在至順年間又被追封為「述聖公」，後人由此而尊他為「述聖」。

仁政之道：儒家經典的核心思想

　　子思闡發孔子的中庸之道而著成的《中庸》一書，被收在了《禮記》裡。另外，《禮記》中的《表記》、《坊記》、《緇衣》也是子思的作品。

　　《中庸》作為中國儒家經典之一，也是中國古代討論教育理論的重要論著。北宋經學家程顥、程頤極力尊崇《中庸》。南宋著名思想家朱熹又作《中庸集注》，並把《中庸》和《大學》、《論語》、《孟子》並列稱為「四書」。

　　宋、元以後，《中庸》成為學校官定的教科書和科舉考試的必讀書，對中國古代教育產生了極大影響。《中庸》是中國古典思想，曾廣泛而深刻地影響了中國歷史發展。也為世界文化寶庫貢獻了輝煌篇章。

【旁注】

　　策士：春秋戰國時期遊說諸侯的縱橫之士。他們有一定的政治主張，往往為個人的功名利祿，朝秦暮楚，見風使舵；但他們熟諳縱橫之術，憑藉機謀智慧、口才辭令，四處奔走遊說，周旋於政治集團之間，為諸侯征城、掠地、殺人、滅國出奇謀劃妙策。後泛指出計策、獻謀略的人。

　　中庸：儒家的道德標準，待人接物不偏不倚，調和折中。它的理論基礎就是天人合一。這就是聖人所要達到的最高境

界,這才是真正意義上的天人合一。天人合一就是中國古代人們自覺修養所達到像美好善良的天一樣造福於人類和自然的理想境界。

宋徽宗(西元1082年～1135年):趙佶,北宋第八位皇帝。他的藝術主張,強調形神並舉,提倡詩、書、畫、印結合,他是工筆畫的創始人,花鳥、山水、人物、樓閣,無所不畫,這便是卓然大家的共同特點。自創了一種書法字體被人們稱之為「瘦金書」,對後世文學發展有很大影響。

朱熹(西元1130年～1200年):小名沈郎,小字季延,字元晦,一字仲晦,號晦庵,晚稱晦翁,又稱紫陽先生、考亭先生、滄州病叟、雲谷老人、逆翁、諡文,又稱朱文公。南宋著名的理學家、思想家、思想家、教育家、詩人、閩學派的代表人物,世稱朱子,是孔子、孟子以來最傑出的弘揚儒學的大師。

【閱讀連結】

子思得知父親的妻子去世後,就在孔氏之廟痛哭,他的門人對他說:「庶民之母死,何為哭於孔氏之廟乎?」子思恍然大悟,連連承認是自己的過錯。

子思與其他許多著名儒者一樣也嚮往國家的德治教化,並

且努力實現自己的抱負。但他與孔子不同,為了施展抱負,孔子曾仕魯參政,但卻以去魯告終。孔子周遊列國,企圖遊說諸侯,但處處碰壁,甚至在各國受困。子思則不然,魯穆公請他做國相,子思則一心推行自己的學說,因而婉言謝絕了。

孟子與《孟子》：仁政與民本思想的倡導者

那還是西元前 408 年，齊國攻破了魯國的郕城，這裡是魯桓公庶長子公子慶父的後代孟孫氏的食邑。城破之後，孟孫氏子孫遂分散流落到其他諸侯國，其中有一支遷居到鄒國。

遷居到鄒國的孟孫氏後人中有個名叫孟軻的人，他 15 歲時拜儒家思想創始人孔子孫子子思為師。經過青少年的飽學和鑽研之後，他開始在家鄉聚徒講學，並逐漸成為當時地方上最有影響的儒學大師，被人尊稱為孟子。

孟子繼承和發展了孔子德治思想，並把孔子的德治思想發展為仁政學說，其內容包括經濟、政治、教育以及統一天下的途徑等。孟子認為，仁政就是君王應該像父母一樣關心人民的疾苦，人民應該像對待父母一樣去親近、服侍君王。

孟子認為，如果君王實行仁政，則可以得到人民的衷心擁護；反之，如果君王不顧人民死活，推行虐政，將會失去民心而變成獨夫民賊，被人民推翻。

仁政之道：儒家經典的核心思想

　　那時候，天下諸侯混戰的情形，已經到了非常嚴重的地步，諸侯國為了爭當霸主，對內力圖改革，以富國強兵，對外則進行兼併戰爭，以擴大疆土，致使人民流離失所。

　　孟子痛感於當時諸侯國之間「爭地以戰，殺人盈野；爭城以戰，殺人盈城」的殘酷，以及王公大人腦滿腸肥而人民食不果腹的不公，決定仿效先師孔子遊說諸侯的做法，規勸諸侯實施「仁政」，以求得天下的統一和社會的安定。於是，孟子在40多歲時，帶著眾多弟子，開始周遊列國，推行他的「王道」學說和「仁政」主張。

　　孟子根據戰國時期的經驗，總結各諸侯國治亂興亡的規律，提出了一個富有民主意義的著名命題：

　　民為貴，社稷次之，君為輕。

　　孟子認為，國君應以愛護人民為先，為政者要保障人民權利。因為如何對待人民這一問題，對於國家的治亂興亡，具有極端的重要性。

　　然而，當時諸侯國致力於富國強兵，希望透過暴力的手段實現大一統。孟子的仁政學說被認為是「迂遠而闊於事情」，並沒有實行的機會。

　　由於孟子的政治主張也與孔子的一樣不被重用，所以便回到家鄉聚徒講學，與學生萬章等人著書立說。《史記·孟荀列傳》：

孟軻所如不合，退與萬章之徒序《詩》、《書》，述仲尼之意，作《孟子》七篇。

《孟子》一書是孟子的言論彙編，由孟子及其弟子共同編寫而成，記述了孟子一生的主要言論、政治活動和思想學說，屬語錄體散文集。

全書共有7篇，分別是〈梁惠王〉上、下；〈公孫醜〉上、下；〈滕文公〉上、下；〈離婁〉；〈萬章〉上、下；〈告子〉上、下；〈盡心〉上、下。

《孟子》一書集中地體現了孟子的政治思想、思想思想和教育思想。孟子的政治思想與孔子一脈相承，並把孔子「仁」的政治思想發展為「仁政」學說。

同時，孟子還指出，國家存在根本不在於「天時、地利」，而在於「人和」，「得道者多助，失道者寡助」，勸誡統治者要與民同憂同樂。

孟子的「仁政」學說，其思想基礎是「性善說」。他認為人性善，把仁、義、禮、智看成是人的本性，是先天固有的，所以人就應該努力地去培養和匚發展這些善的本性。

除此之外，《孟子》還非常重視教育對人的影響作用；強調人的自我教育，主張修身養性，「養吾浩然之氣」，以完善自我；他還教育人們為實現遠大目標而奮鬥，要有「苦其心志」、

「勞其筋骨」、「餓其體膚」的吃苦精神。並提出「富貴不能淫，貧賤不能移，威武不能屈」的道德標準。

孟子去世後，他成為僅次於孔子的一代儒家宗師。東漢著名的經學家趙岐稱孟子為「命世亞聖之大才」。元文宗皇帝加贈孟子為「鄒國亞聖公」，尊封為「亞聖」，從此，孟子便與孔子合稱為「孔孟」。

南宋著名的思想家朱熹將《孟子》與《論語》、《大學》、《中庸》合在一起稱「四書」。直到清末，「四書」一直是科舉必考內容。

【旁注】

魯桓公（？～西元前694年）：姬姓，魯氏，名允，一名軌，為魯惠公之子，魯隱公之弟。魯國第十五代國君，在位18年。桓公是惠公正室夫人仲子所生，所以被立為太子，又因惠公去世時尚且年幼，由庶兄息姑攝政。

仁政：是一種儒家思想。孔子的「仁」是一種含義極廣的倫理道德觀念，其最基本的精神就是「愛人」。孟子從孔子的「仁學」思想出發，把它擴充發展成包括思想、政治、經濟、文化等各個方面的施政綱領，就是「仁政」。「仁政」的基本精神也是對人民有深切的同情和愛心。

治亂：是指治理混亂的局面，使國家安定太平。在中國傳統文化中，治亂是很重要的一個概念，天下大勢，合久必分，分久必合，合則為治，分則為亂。治亂的根本還要在於制度化、法律化，做到有法可依、有章可循，這才能治得徹底、全面、長久。

　　井田制：是中國古代社會的土地國有制度，井田制出現於商朝，到西周時已發展很成熟。到春秋時期，由於鐵制農具的和牛耕的普及等諸多原因井田制逐漸瓦解。實質是一種以國有為名的貴族土地所有制。

　　孝悌：孝指對父母孝順，悌是指兄弟姐妹和睦。中國古代人崇尚志節堅貞，性行孝悌。孝悌文化是中國傳統道德文化之一，包含孝和悌兩大部分，是中國古代人所需遵守的道德規範。

　　大一統：中國古代的一種思想。中國的大一統思想由來已久，早在春秋時期的大聖人孔子心中的理想帝王就應握有一統天下的權威。中國大一統的邏輯中派生出來的許多觀念，使得大一統在國人的心靈中扎下根來，國人對大一統形成了精神依賴。

　　性善說：孟子的學說，是在他自己的那套心、性觀基礎上建立起來的。其心、性觀主要有以下兩點內容：第一，它是「道德層面」的心性，不是「情欲層面」的心性。第二，這個「道德層面」的心性具有仁義的內在先天行為。

仁政之道：儒家經典的核心思想

【閱讀連結】

　　齊宣王在別墅雪宮裡接見孟子，問道：「賢人也有在這樣的別墅裡居住遊玩的快樂嗎？」孟子回答說：「有，人們得不到這種快樂就會埋怨他們的國君，這是不對的；可國君不與民同樂也是不對的。國君以老百姓的憂愁為憂愁，老百姓也會以國君的有愁為憂愁。以天下人的快樂為快樂，以天下人的憂愁為憂愁，這樣還不能夠使天下歸服，是沒有過的。」

　　齊景公聽了晏子的話非常高興，先在都城內做了充分的準備，然後駐紮在郊外，並打開倉庫，賑濟貧困的人。

荀子與《荀子》：
性惡論與法治觀的融合

那還是東周時期，趙國猗氏人荀子是個著名政治家，他受到齊都臨淄的稷下學宮學術風氣的吸引，慕名而來。

稷下學宮當時聚集了各個學派的能人，荀子在裡頭度過了較長一段時間的學習生涯，廣泛接觸到了諸子百家的學說，並逐漸形成了自己的思想。

荀子曾經遊歷齊、秦、趙、楚等國，也有長期遊學於稷下學宮的經歷，這為他思想學說的形成和成熟提供了可資借鑑的豐富養分。後來，荀子定居蘭陵，著書立說，課子講學，直至病故。

荀子著述宏富，據載，在漢初流傳的就有300多篇，後來經漢儒劉向校讎，最終定為32篇，經後人編輯成《荀子》一書。

該書旨在總結當時學術界的百家爭鳴和荀子自己的學術思想，反映了荀子的唯物主義自然觀、認識論思想，以及倫理、政治和經濟思想。

仁政之道：儒家經典的核心思想

在荀子的社會政治思想中，禮是一個核心觀念。他主張「隆禮」，提倡禮治，同時也重法。他說，「禮義者，治之始也」「法者，治之端也」。荀子認為禮和法不是截然分開的，而是相互滲透的。

荀子具有明顯的調和禮法的傾向，也正是因為這樣，荀子強調治民要用兩手，他在主張「愛民」的同時也不放棄刑罰，他說：「罪至重而刑至輕，庸人不知惡矣，亂莫大焉。」

荀子用法充實禮，並沒有喧賓奪主，改變其儒家的基本立場。透過荀子對王霸問題的態度和德治、愛民等主張就看得出來荀子同孔孟一樣，也是崇王道而黜霸道的。

荀子唯物主義的自然觀主要體現為「明於天人之分」和「制天命而用之」。荀子認為天和人各有自己的本分，應該將其加以區分，並否認天有意志，否認「天命」。

認識論是荀子思想中極為重要的一個部分，其核心觀念是「解蔽」。荀子認為人的認識開始於感性，是透過人的耳目口鼻等感官與物件接觸而產生的感覺，這就是荀子所謂的「緣天官」思想。

荀子在對先秦諸子思想的批判性思想、「正名」理論以及對音樂和詩賦理論等方面也有許多獨到的思考，提出了許多具有啟發性的觀點和學說。這些都共同構成了荀子集先秦諸子之

大成的博大精深的思想體系。

由於荀子的學說在秦漢時期儒家經典傳播中有重要地位，所以他的學說很受重視。漢初諸經如《毛詩》、《魯詩》、《韓詩》、《左氏春秋》、《春秋穀梁》、大小戴《禮記》、《易經》等的傳授，均與荀子及其弟子有關，可以說荀子對漢代經學發展有重要影響。

荀子的學說立足儒家，兼取道、法，旁收百家，形成了一個博大而又開放的系統，建立起自己集大成的唯物主義思想。如果說中國傳統文化是一種以儒道互補為主體且以多元並存為特色的價值觀，那麼荀子作為一個集先秦諸子之大成的思想家，他對百家思想的批判性和整合，對這種文化的形成可以說是功不可沒的。

【旁注】

稷下學宮：又稱稷下之學，戰國時期齊國官辦高等學府，始建於齊桓公。稷下是齊國國都城門，位於齊國國都臨淄稷門附近。稷下學宮是世界歷史上真正的第一所大學，第一所學術思想自由學科林立的高等學府。其學術氛圍之濃厚，思想之自由，成果之豐碩，都是獨一無二的。

劉向（約西元前77年～前6年）：原名更生，字子政，西

漢經學家、目錄學家和文學家。他的散文非常有名，其中最有名的有〈諫營昌陵疏〉和〈戰國策〉。他的作品是古代文化史中的精華，對後世目錄學和分類學有極深遠的影響。

禮法：興起於先秦荀子時期。是中國傳統法律體系的基本特徵，等級觀念和綱常名教是其兩大支柱，全部社會成員的社會生活行為都被納入禮法規範。在中國長期的歷史發展中，禮法作為社會的道德規範和生活準則，對中華民族精神品德的修養發揮了重要作用。

《毛詩》：指西漢時魯國毛亨和趙國毛萇所輯和注的古文《詩》，也就是現在流行於世的《詩經》。《毛詩》每一篇下都有小序，以介紹本篇內容、意旨等。而全書第一篇〈關雎〉下，除有小序外，另有一篇總序，稱為〈詩大序〉，是古代詩論的第一篇專著。

【閱讀連結】

有一次，李斯和荀子談論仁義的話題，李斯認為商鞅變法使秦國由弱變強盛，並非荀子所說的仁義、禮制得到的。荀子嚴肅地說道：「你所說的強盛只是一時的利，我所說的仁義才是延至萬世的利。秦國雖然歷經幾世的強盛，卻經常為六國聯合起來對抗自己感到憂慮。你眼中的秦國之強不過是時處亂

世、一時的用兵得勝罷了,而沒有把仁義作為根本。」

　　此後的歷史發展證實了荀子的預言,秦國統一天下僅僅15年之後,就被天下群雄滅亡了。

仁政之道：儒家經典的核心思想

董仲舒與《春秋繁露》：罷黜百家，獨尊儒術

那還是西漢的時候，河北廣川有一個叫董仲舒的人，自幼在多種文化薰陶中成長。少年時，董仲舒為學異常勤奮，數十年如一日地遊學於「六藝」。長大後他不但精通「五經」，義兼百家，多見博聞，而且還特別擅長與人辯論和寫文章，被譽為「通才」！

董仲舒最擅長「五經」中的《春秋》公羊學，他發揮《公羊傳》微言大義，引經論事，甚至用《春秋》斷獄，將經書與現實政治結合起來。

當時，漢王朝吸取秦亡的教訓，崇尚黃帝和老子的「無為而治」思想，實行休養生息政策。精於儒學的董仲舒雖懷通經治國之才，卻並無建樹。但他並沒有因此消極，而是一方面招徒私授，為國家培養了一批推行儒學的合格人才，一方面謹慎觀察時事，潛心研討百家學說，希望打造一個前所未有、相容諸子百家的新儒學體系，以適應西漢社會大一統之局，以求積

極有為之效。

西元前 141 年，漢武帝即位。這位雄心勃勃、精力旺盛的少年天子即位後，深切感受到黃老「無為之治」已經不能解決現實的流弊，迫切需要一種新的學說來解決現實的危機。

於是，漢武帝即位不久，他便一改以前因任自然、因循守舊、無所作為的施政方針，他下詔向賢良士子策問古今治道。當時對策者有 100 多人，董仲舒也在其中。

董仲舒 3 次向漢武帝對策，從理論上解答了漢武帝所關心的問題，頗得漢武帝賞識。接著，董仲舒又不失時機地向漢武帝提出了「罷黜百家，獨尊儒術」，廣招士子、開辦學校、培養人才的建議。

於是，漢武帝建立太學，設置五經博士，選賢才，舉孝廉等，從此儒學開始成為官方思想。

西元前 121 年，董仲舒辭官回家，此後一直居家埋頭著書研學，從不問家居雜事，也不置產業。他總結了自己治學 50 餘年的心得體會，加上對《公羊傳》、《春秋》的研究，寫成了《春秋繁露》一書，凡 17 卷，82 篇。

《春秋繁露》是董仲舒為闡釋儒家經典《春秋》而著。在書中，董仲舒極力推崇《公羊傳》的見解，闡發「春秋大一統」之旨。

董仲舒認為，自然界的天就是超自然的有意志的人格神，人世間的一切包括封建王權都是上天有目的安排。這就是「君權神授」思想。

同時，董仲舒又運用陰陽五行學說，將自然界和社會人事神祕化、理論化，建立起「天人感應」論的唯心主義形而上學的神學體系。

所謂天人感應，是指天意與人事的交感相應。董仲舒認為天能夠干涉人事，預示災祥，人的行為也能夠感應上天。

董仲舒的「君權神授」論和「天人感應」論，對「家天下」時期有效防止天子濫用權力起到了巨大作用。

《春秋繁露》內容反映了董仲舒的整個思想思想體系，這種以儒家宗法思想為中心，雜以陰陽五行學說的思想體系，對中國封建社會的發展產生了巨大作用與影響。

【旁注】

五經：指儒家的五聖經，即《周易》、《尚書》、《詩經》、《禮記》、《春秋》。西漢漢武帝立五經博士，儒教官方化便由此開始了，長期作為官方指定的教科書「五經」，對中華民族文化的發展至關重要、無可替代。

新儒學：「新儒學」的概念可以追溯到戰國末期，如荀子

董仲舒與《春秋繁露》：罷黜百家，獨尊儒術

的學說，就曾被稱之為「新儒學」。自漢代董仲舒及其以後，「新儒學」則更是被使用得越來越頻繁了。「董學」即董仲舒的學說、宋代理學等等，都曾經被冠之為「新儒學」。由於「新儒學」具有時代性，所以對這一概念一直爭論不休。

舉孝廉：孝廉，即孝子廉吏。舉孝察廉原為察舉二科，漢武帝元曾令郡國舉孝廉各一人，即舉孝舉廉各一人。孝廉一科，在漢代屬於清流之目，為官吏進身的正途，漢武帝以後，迄於東漢，不少名公巨卿都是孝廉出身，對漢代政治影響很大。

陰陽五行學說：是中國古代樸素的唯物論和自發的辯證法思想，它認為世界是物質的，物質世界是在陰陽二氣作用的推動下孳生、發展和變化；並認為木、火、土、金、水5種最基本的物質是構成世界不可缺少的元素，它們相互孳生並不斷變化。這種學說對後來古代唯物主義思想有著深遠的影響。

【閱讀連結】

在董仲舒的《春秋繁露》中，除了在〈精華〉中有「大旱雩祭而請雨，大水鳴鼓而攻社」的概述，還有〈求雨〉、〈止雨〉的專門章節詳細敘述其儀式的過程。

列於第16卷的〈求雨〉一章，計1,300餘字，分春夏秋冬

四季的不同,儀式也隨之有所變化,介紹可謂詳盡。後來,這幾乎成為歷代求雨的規範,從皇帝到知縣,每遇天旱設壇祭祀時,都要向董仲舒的《春秋繁露》當中的一章求教。

二程與《二程集》：宋代理學的奠基者

　　那是在北宋時期，有一個程姓官宦世家，地位顯赫，時人盡知。程家在西元 1032 年添了一個男丁，取名叫程顥。第二年又添了一個男丁，取名程頤。

　　程顥自幼天資聰穎，刻苦學習，幼年時期就開始習誦儒家經典，10 歲就能寫詩作賦，20 餘歲即中進士，被調到京兆府鄠縣任主簿。

　　後來，程顥為江寧府上元縣主簿。他幫助縣令籌劃良策，平均了賦稅，頗有政績。宋神宗即位之初，便把程顥調回朝廷做了太子中允、權監察御史裡行。

　　在當時，宋神宗鑑於內外交困，很想有一番作為，便時常召見程顥，向他徵詢治國方略。程顥每次都給宋神宗講堯舜事蹟，說為政之道，以順民心為本，以厚民生為本，以安而不擾為本。建議宋神宗按照儒家的「仁政」原則治國，要以至誠仁愛為本。

　　宋神宗認為程顥的進言不切實用，程顥見自己的主張並不

被朝廷接受，便又請求退出朝廷，外補做了京西路提典刑獄，這是一個和知縣職位相等的司法官。不久，他便以其父年老多病、需要照顧為由，要求退居閒職。

程顥回到洛陽後，便與其弟程頤一起日以讀書勸學為事，名聲和影響就更大了。

程頤雖然沒有考中進士，但程家世代為官，程頤享有蔭庇當官的特權，但他卻把每次「任恩子」的機會讓給了本家族的其他人，自己卻從來不出去做官，而是長期以「處士」的身分潛心於孔孟之道，同時還又大量接受學生，從事講學活動。

西元1059年，鑑於程頤的才氣和名氣，宋仁宗特賜程頤進士出身。後太尉文彥博鑑於程頤著書立言，名重天下，從遊之徒，歸門甚眾，就在洛陽鳴皋鎮的一個小村莊撥了一塊土地，專門為他建修了一座「伊皋書院」，讓他在此講學。

宋哲宗即位後，資政殿學士司馬光等人推薦程頤被授為汝州團練推官、西京國子監教授等職。但早已潛心於孔孟之道的程頤淡漠仕途，並沒有接受任命。後來，年幼的宋哲宗皇帝又下詔令程頤入京，讓他做崇政殿說書，也就是教皇帝讀書。程頤的名聲便越來越大，吸引了許多讀書人向他拜師問學。

由於程顥和程頤兩兄弟的思想十分接近，生活經歷大體相同，一般學術史和評價對他們的學術思想亦很少作分別介紹，

而是將他們同列一傳,因此,被後人稱為「二程」。

《二程集》是程顥和程頤全部著作的彙集,內容包括遺書、外書、文集、易傳、經說、粹言 6 種,其中程頤的著作居多。書中第一次把「理」作為宇宙本體,闡述天地萬物生成和身心性命等問題,奠定了以「理」為中心的唯心主義思想體系。

其中,程顥的識仁、定性,程頤的性即理、主敬、體用一源等許多重要思想概念和命題,是思想史上第一次提出,為後世沿用。

二程理學是對孔孟儒學的繼承與發展。理學繼承了儒家經典中仁義禮智信等心性修養,將成德成聖、修身齊家、治國平天下作為人生的最高理想。

二程理學不僅影響人們的思想和行為,同時,隨著世界文明對話的發展,理學中所包含的理性主義,也將影響世界文明的進程。

【旁注】

主簿:古代官名,即各級主官屬下掌管文書的佐吏。隋唐以前,因為長官的親吏,權勢頗重。魏晉時期主簿為權勢最盛之時。隋、唐以後,主簿是部分官署與地方政府的事務官。代

仁政之道：儒家經典的核心思想

表任人物：陳琳，漢靈帝末年，任大將軍何進主簿；楊修，曹操稱魏王時，任曹操主簿。

提典刑獄：又稱提點刑獄公事，簡稱提刑官，相當於法醫。是宋代特有的一種官職名稱。由朝廷選派，三年一換。宋代提點刑獄司制度是一項成功的政治制度，它促進了宋代地方司法公正、權力分化、吏治清明等。這一制度對元、明、清諸代均產生了重要的影響。

進士：在中國古代科舉制度中，通過最後一級中央政府朝廷考試者，稱為進士。進士是中國古代科舉殿試及第者之稱，意為可以進授爵位之人。隋煬帝大業年間始置進士科目。唐亦設此科，以進士和明經兩科最為主要。元、明、清時，貢士經殿試後，及第者皆賜出身，稱進士。

資政殿：為北宋皇宮中的一處用於藏書和理政的宮殿建築，同時也用作宴殿和講習之所，並設立資政殿大學生一職，以備諮詢國政。西元1005年初置資政殿學士，以備顧問。司馬光曾任資政殿學士。資政殿亦為真宗以後北宋各帝與群臣觀書宴飲之處。

【閱讀連結】

宋仁宗時期，河南人程遹在黃陂縣為官，繼而落籍黃陂西郊程家鄉坊。因積勞成疾，不幸病故，朝廷任命他的長子程珦為黃陂縣尉。據說程珦的夫人候氏曾夢見一棵梧桐樹上有個雀窩，正準備爬上去掏雀蛋，忽見遠處兩隻金鳳筆直朝花園飛來，在她身邊盤旋了一周以後，朝她胸懷撲來，程夫人趕忙將金鳳緊緊摟住。

過了不多時，程夫人懷孕了，生下長子，取名程顥，隔年，又生下次子程頤。程顥、程頤自幼好學，尊崇孔孟，才華出眾，後來成為著名的理學家。後來，人們在他們故鄉建起一亭，命名為雙鳳亭。

仁政之道：儒家經典的核心思想

朱熹與《朱子語類》：四書精解與新儒學

那是在中國南宋時期，婺源有個叫朱熹的人，他4歲時，有一天父親朱松指著天告訴他，這是「天也」。不料想牙牙學語的朱熹竟問父親：「天之上何物？」這著實讓做父親的吃了一驚。

朱熹6歲時，當別的孩子還只知道在河灘上嬉戲時，他卻一人端坐在沙灘上畫起了八卦。朱熹8歲時就日讀《大學》、《中庸》、《論語》、《孟子》，從不間斷。

當朱熹讀到《孟子·變秋章》時，他明白了孔子所說的「仁遠乎哉，我欲仁，斯仁至矣」，就是只要肯下功夫，就一定能成功的道理。

於是朱熹慨然發憤於自己的為學求知。10歲那年，當朱熹讀到《孟子》「聖人與我同類者」時，他喜不自勝，從此便確立了做「聖人」的人生目標。

19歲時，朱熹考中進士，3年被派任泉州同安縣主簿，在

赴任途中，朱熹拜見了著名道學家、程頤的兩傳弟子李侗，對孔孟之學的感悟日漸精進。

在南宋偏安江南的形勢下，朱熹認為當時國之患根在於君王的心已受蒙蔽，應當根據《大學》之教，以正心誠意作為治國平天下的根本。針對當時朝野上下普遍信奉佛教禪宗思想，他提出了「《朱子語類》之旨，即要求人要「推究事物的原理，以獲得知識。」

後來，朱熹辭去主簿之職，在故里修起「寒泉精舍」，一住10餘年，編寫了大量的道學書籍，並從事講學活動，生徒盈門。

西元1178年，朱熹出任「知南康軍」，儘管他重新入仕，卻並未忘自己的學者身份。在廬山唐代李渤隱居舊址，建立「白鹿洞書院」進行講學，並制定一套學規。

後來，朱熹被解職還鄉，他在武夷山修建「武夷精舍」，廣召門徒，傳授理學。為了幫助人們學習儒家經典，朱熹又於儒家經典中精心節選出「四書」，並刻印發行。

儒家經學發展到宋代，傳統經學已不適應社會和思想文化發展的需求。於是，代學者對箋注經學提出非難，他們拋開傳注疏釋，直接從經書中發揮新儒學的義理，蔚然形成一代學術新風。朱熹繼承理學二程，進一步把儒學道統體系化，著成《朱子語類》一書。

在《朱子語類》中，朱熹系統梳理了道的傳授統緒，指出道統始於伏羲、神農、黃帝，而堯、舜、禹相傳，其後成湯、文、武作為君王，皋陶、伊、傅、周、召作為大臣接續了道統之傳。孔子繼往開來，有功於堯舜之道的傳授，其弟子及傳人曾子、子思、孟子等能接續聖人之道，使之複明於世。

《朱子語類》體現了朱熹豐富完善的道統思想理論體系。朱熹建構精緻的道的思想，以道為形上之天理，提出道兼體用的思想，由此提高了道統之道的思想思辨性，這是從內容上對儒學道統論的發展。

朱熹把道學與道統相結合，賦予道統論時代精神的新義，這使道統思想廣泛影響哲學界和整個社會，得到廣泛的流傳。

【旁注】

八卦：古代戈意圖案。八卦圖衍生自中華古代的〈河圖〉與〈洛書〉，傳為伏羲所作。其中〈河圖〉演化為先天八卦，〈洛書〉演化為後天八卦，其象徵世界的變化與迴圈，分類方法如同五行，世間萬物皆可分類歸至八卦之中。

箋注：指給古書作的註釋。對古籍的註解有很多種，名稱不同，側重點也不一樣，其大致區分如下，註釋中常提到前人的意見，對其進行補充訂正，分辨剖析，而且比較側重對原文

中典故、詞語出處的考證。

道統：是指原道德傳脈絡。原道，也稱天道。天道心法是堯舜十六字心法：人心惟危，道心惟微，惟精惟一，允執厥中。月牙山人將十六字心法命名為中華心法，並揭示心傳。儒家傳道的脈絡上接堯、舜、湯、文王、武王、周公、老子，到了孔子形成儒家學派，傳至子思、孟子。

【閱讀連結】

朱熹有一次在路邊茶館遇到一個名叫下山的孩子，見他手捧書卷，十分喜愛。朱熹沉吟一會，從身上摸出一枚銅錢，笑著吩咐下山替他辦 9 種下酒菜。聰慧的下山接過銅錢跑出茶館，旋即提著一把韭菜喜眉笑眼地站在朱熹面前。朱熹見狀，激動地把下山摟在懷裡。原來朱熹只給一個銅板，就是為了驗證一下下山的才學，見下山果然聰慧，便決定收下山為弟子。

在朱熹的悉心教授下高中進士，官拜兩浙提點刑獄。他為感激朱熹提攜教誨之恩，在茶館原地修起一座「朱子祠」，奉供朱熹牌位，春秋兩季，鄉人頂禮膜拜。

王陽明與《陽明全書》：知行合一的心學大成

那是明代的時候，浙江紹興府餘姚一個書香門第家裡誕下一個男孩，這個男孩在出生前夕其祖母夢見有人從雲中送子來，夢醒時這孩子剛好出生，於是，其祖父便為他起名叫王雲。

王雲到了5歲的時候還不會說話，一天，一位高僧從他們家門前經過，撫摸他的頭說：「好個孩兒，可惜道破。」高僧的意思是說，他的名字「雲」字道破了他出生的祕密。王雲的祖父恍然醒悟，遂更其名為守仁，此後他便絕少開口說話了。

王陽明十一二歲念書時，有一次，他問塾師：「何謂第一等事？」老師說：「第一等事是讀書獲取科舉名第。」王陽明反對說：「第一等事恐怕不是讀書登第，而是應該是讀書學做聖賢。」

王陽明儘管有做聖賢的意識，但他在年少時代起時並不循規蹈矩，常常率同伴做軍事遊戲。年輕時，他出遊邊關，練習騎馬射箭，博覽各種兵法祕笈，遇到賓客常用果核擺列陣法作為遊戲。

王陽明與《陽明全書》：知行合一的心學大成

西元 1506 年，王陽明因反對宦官劉瑾，被謫貶至貴州龍場當驛丞。龍場位於貴陽西北 70 里，歸修文縣治。龍場萬山叢薄，苗、僚雜居。在龍場這既安靜又困難的環境裡，王陽明結合歷年來的遭遇，日夜反省。

一天半夜裡，王陽明忽然有了頓悟，認為心是感應萬事萬物的根本，由此提出心即理的命題。認知到「聖人之道，吾性自足，向之求理於事物者誤也。」只要透過格物致知的實踐功夫，將各種蒙蔽心體的閑思雜念拂去，便能認識本心中的「良知」。這就是著名的「龍場悟道」。

在這次龍場悟道之後，王陽明在獲得思想上的突破基礎上，創立了一門學說，也就是「心學」。他決定以講學的形式向世人闡述心學思想。54 歲那年，他在紹興、餘姚一帶創建書院，進一步宣講他的心學。

後來，王陽明的學生徐愛、陸澄、薛侃、錢德洪等，把王陽明的著作及論學的語錄、書信、詩賦等搜集起來，輯成《陽明全書》。

《陽明全書》也稱《王文成公全書》、《王陽明先生全集》等，是王陽明的著作集，共 38 卷。

《陽明全書》收入的王陽明的著述原本皆各自單行，明隆慶年間，御史謝廷傑巡按浙江，始將各書合刻，並仿《朱子全

書》之例,名之為《王文成公全書》,成為匯輯王陽明生平著述及有關資料的全本,對研究王陽明思想、學術等方面具有重要參考價值。

【旁注】

　　塾師:舊時私塾的老師。歷代塾師大部分來自那些讀書不多,或參加科舉屢遭失敗的讀書人。另一部分是獲得一定功名,但未能進入官場,或已做官而被革、被罷,或自行退出官場,或退休回鄉的讀書人。他們用知識謀生,叫「舌耕」,被社會公認是一種清白而崇高的職業。

　　宦官:是中國古代專供皇帝、君主及其家族役使的官員。先秦和西漢時期並非全是閹人。自東漢開始,則全為被閹割後失去性能力而成為不男不女的中性人。又稱寺人、閹人、奄官、宦者、中官、內官、內臣、內侍、內監等。

　　心學:作為儒學的一門學派。最早可推溯自孟子,而北宋程顥開其端,南宋陸九淵則大啟其門徑,而與朱熹的理學分庭抗禮。至明朝,由王陽明首度提出「心學」兩字,並提出心學的宗旨在於「致良知」,至此心學開始有清晰而獨立的學術脈絡。

　　巡按:古代官職,始於唐天寶年間,當時朝廷派官巡按天

下風俗黜陟官吏。明永樂後，以一省為一道，派監察御史分赴各道巡視，考察吏治，每年以八月出巡，稱巡按御史，又稱按臺。巡按御史品級雖低，但號稱代天子巡狩，各省及府、州、縣行政長官皆其考察對象，大事奏請皇帝裁決，小事即時處理，事權頗重。

【閱讀連結】

　　王陽明為了踐行儒家的「格物致知」，決心先實踐一番。他的書房前有一片竹林，於是決定先「格」這竹子。他走到竹林，一屁股坐在竹子前面，眼睛緊盯一棵竹子，「格」了起來，但是他還是無法領悟。這時，旁邊過來一位隱士，王陽明趕忙請教。

　　隱士哈哈一笑：「格竹子很簡單，你拿尺子格，可得竹子的高度；你拿秤秤，可得竹子的重量。天有天道，物有物理。所謂格物致知，意在於此也。」說罷，袍袖一揮，飄然離去。王陽明如醍醐灌頂，頓時大悟。

仁政之道：儒家經典的核心思想

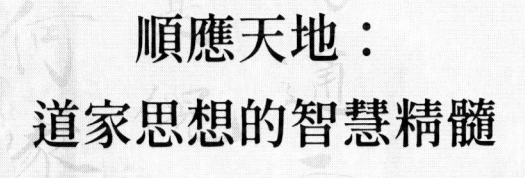

順應天地：
道家思想的智慧精髓

順應天地：道家思想的智慧精髓

中華民族在發展過程中，利用自身的智慧悟出世間的萬千世間萬物，都是有正確與不正確、好與壞、美與醜等。這個相對應的學說觀點，被老子歸納成一個字就是「道」，並由此創立的道學學派。

道學學派包括道論、道的宇宙生成圖式、時空觀、氣論、氣的人體觀及辯證法、認識論等內容，旨在宣導自然無為。這一思想經過後來的莊子、列子、王弼、郭象等人的進一步發展和完善，逐漸形成了成熟的道學思想。它究天人之際，通古今之變，影響深遠。

《易經》：萬物變化的宇宙法則

　　那還是在遠古的時候，華夏族部落首領伏羲團結統一了華夏各個部落，定都在陳地，封禪泰山。伏羲取蟒蛇的身，鱷魚的頭，雄鹿的角，猛虎的眼，紅鯉的鱗，巨蜥的腿，蒼鷹的爪，白鯊的尾，長鬚鯨的鬚，創立了中華民族的圖騰龍，「龍的傳人」由此而來。

　　在當時，人們對大自然一無所知。天氣會變化，日月會運轉，人會生老病死，所有這些現象，誰也不知道是怎麼回事。人們遇到無法解答的問題，都問伏羲，伏羲解答不了時，感到很茫然，人們為此每天提心吊膽地過日子。

　　伏羲經常環顧四方，揣摩著日月經天，斗轉星移，猜想著大地寒暑、花開花落的變化規律。他看到中原一帶蓍草茂密，開始用蓍草為人們葡筮。

　　伏羲透過長期對天地宇宙萬物的觀察和思考，發現宇宙萬物之間有一個規律。那時人類沒有文字，為了表達這個規律，聰明的伏羲便用符號「-」表示。「-」是太極，是天地未分時物

質性的渾沌元氣。伏羲認為世間的一切都是由「-」這個整體衍生出來的。

太極動而生陽，靜而生陰，這一陰一陽被伏羲稱為兩儀。伏羲認為陰陽是構成宇宙萬事萬物最基本的元素。但宇宙萬物之間的陽陰到底是怎麼轉換的呢？伏羲想來想去，怎樣也想不出個頭緒來。

有一天，伏羲在河邊捕魚，逮住一個白色的龜。這只龜近圓形，龜爪象龍，周身潔白，玲瓏剔透。龜身上的紋理錯落有致：中央有5塊，周圍有8塊，龜蓋周邊有24塊，腹底12塊。

伏羲認為這只白龜是個神物，所以就挖了個池子，把白龜放養在裡邊。伏羲每次逮些小魚蝦去餵白龜時，白龜都會鳧到伏羲跟前，趴在坑邊不動彈。伏羲沒事就坐在坑沿，邊看白龜邊思考宇宙萬物之間的規律。

有一天，伏羲折一根草稈，在地上比著白龜蓋上的花紋畫。他畫著畫著，忽然想到以前曾經用「-」這個符號代表太極，於是，他在地上畫出一個「-」的符號來表示陽，又畫出一個「--」的符號來表示陰。然後，他將這兩個符號反覆搭配，或一陽二陰，或一陰二陽，畫來畫去，最後竟產生8種新的符號。

畫到這時，伏羲又把象徵萬物的金、木、水、火、土的

「五行」按照龜蓋中央的 5 塊紋理的秩序排列出來；把象徵方位的「乾、艮、震、巽、坎、離、坤、兌」按龜身周圍 8 塊的紋理秩序排列出來；把象徵二十四節氣的符號按照龜蓋周邊 24 塊的紋理秩序排列出來；把象徵十二地支的子、丑、寅、卯、辰、巳、午、未、申、酉、戌、亥按照龜腹底 12 塊紋理的秩序排列出來。畫完這些後，一幅八卦圖展現在伏羲面前。這就是後來人們所說的「先天八卦」。

先天八卦是伏羲的偉大創造，從此以後，只要有人問天氣，伏羲便依據先天八卦的規律，對外界事物的動向和變化進行一番觀察，然後得出明天天氣如何的結果。

在一次又一次的精確預測出天氣後，人們對伏羲越來越信賴，問天氣的人越來越多，伏羲來不及應付，就說：「從明天開始，我在村口的大樹上掛了一個圖像，你們一看圖像就知道明天是什麼天氣。」

從此以後，伏羲每天都把分別代表 8 種最基本的自然現象的八卦畫掛在村口。這樣一來，村民每次出門時，只要去村口看一眼八卦畫，就知道出門後會不會遇到惡劣天氣了。

到了商末的時候，西部諸侯長姬昌鑑於國君商紂王昏庸無道，就勸諫商紂王應該體恤民艱，愛護百姓。商紂王不聽諫言，還將姬昌囚禁於當時的國家監獄羑裡城。

順應天地：道家思想的智慧精髓

　　姬昌雖然身陷囹圄，但他自強不息，立誓有所作為。他用監獄地上長的蓍草作為工具，將伏羲的先天八卦演繹成64卦，384爻，每卦有卦辭，爻有爻辭。

　　姬昌把自己如何立志，如何心懷天下，及為人處事、走出逆境、治理國事、居安思危、對待婚姻家事等全部寓寄在卦辭和爻辭上。於是，這64卦和384爻遂成為推演人生、宇宙和社會變化規律的《易經》。

　　姬昌被解救出獄後，在姜尚等人的輔佐下積善修德，使周族實力大大增強，為後來周武王姬發滅商建周打下了堅實的基礎。周武王建周後，追尊姬昌為周文王。

　　《易經》是中國最古老的文獻之一，其內容極其豐富，先秦時期的《黃帝內經》、《孫子兵法》、老莊學說、孔孟之道等，無不和《易經》有著密切的連繫。以至於到西漢時期，《易經》被儒家尊為「五經」之首，在中國文化史上享有崇高地位。

　　由於《易經》成書很早，其中的文字含義到春秋戰國時已經不易讀懂了。於是，便有很多人專門研究《易經》，那些研究《易經》的人被稱為易學家，研究《易經》的學說被簡稱為易學。

　　易學在後來的發展過程中，逐漸分成易理易學、象數易學、數理易學、納音易學幾大類。易理易學又稱義理易學，是專門講述易經本經思想義理的易學；象數易學宗旨在於運用；

數理易學是研究易經中的科學思想與數學思想；納音易學則結合了易理易學和象數易學的思想。

總之，《易經》是中國文化的源頭活水，被譽為「群經之首，大道之源」。而對《易經》的研究代代不斷，易學大家輩出，對古老而優秀的文明做出了貢獻。

【旁注】

蓍草：多年生草本植物，有短的根狀莖。古人認為蓍草生長 1,000 年能生出 300 莖，且歷代相傳此草非聖人之地而不生，這無疑給蓍草罩上了一層神祕的外衣，於是遠古先民們求卦習慣用蓍草。古人占卜時燒蓍草作卦，跟龜殼的作用一樣。

兩儀：指陰陽，陰中有陽，陽中有陰。《易經》：「易有太極，始生兩儀，兩儀生四象，四象生八卦。」，「兩儀」一詞在文言文中是表示「星球的兩種儀容」的意思，代表著古人對宇宙星體模糊又抽象的認識。源自中國古代人們的自然觀。

二十四節氣：指二十四時節和氣候，是中國古代訂立的一種用來指導農事的補充曆法。中國農曆根據太陽也根據月亮的運行制定的，農事完全根據太陽進行，所以在曆法中又加入了單獨反映太陽運行周期的「二十四節氣」，用作確定閏月的標準。

卦辭：卦辭是說明《周易》卦義的文辭，是對《易經》全卦的斷語。一般認為是葡筮者的紀錄，與甲骨文辭同類。卦辭共有 64 條，內容主要有自然現象變化、歷史人物事件、人事行為得失和吉凶斷語。或分為象占之辭、敘事之辭、占兆之辭 3 類。

爻辭：即說明爻義的文辭，是對各爻下的斷語。《周易》六十四卦，每卦六爻，共 384 爻，加上乾、坤兩卦各有一用爻，總為 386 義，故有 386 條爻辭。其體例內容、取材範圍與卦辭相類。有很多哲理性格言，如「山澤損」卦的六三爻的爻辭是「三人行則損一人，一人行則得其友」。

納音：是在術數預測中廣為應用的一種取「數」的方法，它對應的數理已經被「六十甲子納音」大致的規定下來，其基本的意義還是用「五行」來闡述的。納音的「音」，就是中國古人根據不同音階確定的五音。納音和音樂無關係。

【閱讀連結】

伏羲為了畫出八卦，他圍著不周山的四面八方挖了 8 個洞，在不同方位仔細觀察天上的星星。有一回，伏羲來到一個叫孟河的地方，河裡忽然冒出個怪物來。伏羲水性好，一下子捉住了這個怪物。這怪物有八尺五寸長，頭尾像馬，身子像龍，又有鱗。伏羲認為是龍馬，便把牠供了起來。到了晚上，

龍馬發亮，背上四面八方現出了 55 個亮點子，像天圖一樣。

　　伏羲看到後十分興奮，馬上照著這個龍馬背上的圖樣畫下來。但是這個圖畫下來後，終於畫出了八卦的圖案來。

順應天地：道家思想的智慧精髓

老子與莊子：道家思想的雙璧

據傳說，那是在西元前571年的楚國曲仁裡，有位孕婦正坐在李樹下歇息，忽聽得天上仙樂奏鳴，四周香風縹緲，接著這位孕婦便覺左腋一陣劇痛，隨之從腋下生出一個鶴髮龍顏、美眉廣頰的小孩。

這孩子一生下來就會說話，他指著面前的李樹說：「這就是我的姓。」於是，這位母親便為他取名為李耳，字聃。因李耳生下來就鶴髮龍顏，像位老者，人們便稱他為「老聃」。

老聃從小就是一個勤於用腦的孩子。他喜歡與小朋友在家鄉的河灘、林間玩耍。當老聃獨自一人時，便常常面對天穹和河中的流水久久無語，似乎在揣摩著大自然的奧祕。

有一次，老聃與小朋友在一棵大樹下玩耍。老聃看到大樹上寫著一個「棟」字，就對小朋友說，這是一棵棟樹。而在大樹另一側的小朋友則說，不對，這是槐樹。兩人為此發生了爭執。

後來，兩個人圍著大樹轉了一圈，才發現樹的一側雖然寫

著棟字，但另一側寫的卻是槐字，原來這是一棵棟槐連理樹。透過這件事，老聃懂得了看問題要全面，不能以偏概全。

老聃最喜歡的，還是家鄉的小河。它終年流淌，日夜不息，滋潤著兩岸的土地，而且能夠包容忍讓，碰有東西阻擋時，便悄然繞道離去。雖然有時候它是涓涓細流，看似柔弱；可一旦到了洪水季節，它又像脫韁的野馬，浩浩蕩蕩，無堅不摧。

老聃母親見老聃靜思好學，她便請精通殷商禮樂的商容老先生為師，教授老聃。商容通天文地理，博古今禮儀，深受老聃一家敬重。

一次，商容得了重病，少年老聃前去探望。商容問了老聃三個的問題。

商容問：「不論什麼人，經過故鄉時都要下車，你知道這是為什麼嗎？」

老聃答：「這是表示人不論如何騰達，都不應忘記家鄉、忘記根本。」

商容點了點頭，表示讚許，又問：「人從高大的樹木旁邊經過時，要彎腰鞠躬，這又是為什麼？」

老聃回答說：「在高大的樹下彎腰，是表示敬老的意思。」商容見老聃聰明過人，十分滿意。

接著，商容張大嘴巴讓老聃看，然後問道：「我的舌頭在嗎？」

老聃回答說：「在。」

商容又問：「我的牙齒還在嗎？」

老聃搖了搖頭：「不在了。」

商容問道：「你知道這是為什麼嗎？」

老聃想了想回答說：「舌頭還存在，是因為它柔弱；牙齒掉光了，那是因為它太剛強了。」

商容沒有想到老聃小小的年紀竟能對這些深奧問題有如此深刻的理解，他心裡非常高興。

隨著老聃人品和學識的不斷長進，他的名氣也越來越大，被周王任命為守藏室史。當時，人們稱學識淵博者為「子」，以示尊敬，因此，人們皆稱老聃為「老子」。

老子任周守藏室史，轉眼間已過 30 餘年。一日，老子忽得家訊，言家母病危，於是報請天子，歸家省視。待老子回到家時，母親已辭世。

面對茫茫大地上一堆黃土，老子悲痛欲絕。片刻，老子又如釋重負，飽餐一頓後倒頭大睡。家將、侍女都對老子的這番表現感到不解，等老子醒來後，便問他緣故。

老子回答道：「人之生，都是從無到有，又由有返回到無。

這是自然之理。違背自然之理就是愚蠢！我想到這個，便當吃就吃，當睡就睡。」眾人聞之，心皆豁然曠達。

後來，當老子來到函谷關的時候，函谷關令尹喜見老子出現時有紫氣東來的瑞祥，覺得老子是一位高人，便非常熱情地招待了老子。後來，尹喜一再拜求老子教他學問，老子就寫下了 5,000 多字的文章。這五千言的文章便是《道德經》。

《道德經》又稱《道德真經》、《老子》、《五千言》、《老子五千文》。分上下兩篇，原文上篇〈德經〉、下篇〈道經〉，不分章。後改為〈道經〉在前，〈德經〉在後，總共為 81 章。

《道德經》是中國歷史上首部完整的思想著作，思想內容微言大義，一語萬端，為先秦諸子所共仰，是道家思想的來源，被華夏先輩譽為萬經之王。

在春秋戰國時期，道家重要流派除了老子之外，還有莊周，他與老子並稱為「老莊」，其學說被稱為「老莊學說。」

莊周是戰國中期宋國蒙人，其祖上系楚國貴族，後因楚國動亂，遷至宋國。莊周自幼靜思好學，崇尚老子的道家之學。隨著莊周學識的不斷長進，他的名氣也越來越大，被人們尊稱為「莊子」。

莊子的學問非常淵博，對當時各派學術都有研究，並形成他自己的看法。他的代表作品有《莊子》，也稱《南華經》，

是道家經典之一，為莊子及其後學的著作集，其中的〈逍遙遊〉、〈齊物論〉、〈養生主〉等名篇，尤為後世傳誦。

莊子超常想像和變幻莫測的寓言故事，構成了莊子特有奇特的想像世界。他的文筆變化多端，並採用寓言故事形式，富有幽默諷刺的意味，對後世文學語言有很大影響。

《莊子》在思想、文學上都有較高研究價值，它和《周易》、《老子》並稱為「三玄」。

【旁注】

楚國：中國歷史上春秋戰國時期南方的一個諸侯國，楚人是華夏族南遷的一支，最早興起於漢江流域的丹水和淅水交匯的淅川一帶，其國君為熊氏，西元前 223 年楚國被秦國所滅。在浩瀚歷史長河中，楚國先人用自己的勤勞與智慧創造出了無數令世人矚目的燦爛楚文化，是中國傳統文化的重要組成部分。

商容：中國商代紂王時的樂官，因為忠直被紂王貶黜。商周「牧野之戰」後，他和殷人一起看周軍入殷。周武王命人表彰了他的忠賢。商容作為當時的著名賢者，歷來被後人所敬仰。《史記·樂書》、《禮記·樂記》、《史記索隱》引〈韓詩外傳〉、《史記索隱》都有提及。

尹喜：字文公，號文始先生。甘肅天水人，周代楚康王之大夫，他自幼究覽古籍，精通曆法，善觀天文，習占星之術，能知前古而見未來。曾任函谷關令，為鎮守地方的最高軍事長官，以藏身下僚，寄跡微職，靜心修道，或稱「關尹」。

《莊子》又名《南華經》，是道家經文，是戰國早期莊周及其門徒所著，到了漢代道教出現以後，便尊之為《南華經》，且封莊子為南華真人。莊子文筆汪洋恣肆，具有浪漫主義的藝術風格，乃先秦諸子文章的典範之作。

【閱讀連結】

傳說老子從小聰明伶俐，能說會道，而且極富哲學思考。有一次，有人問他：「萬物是從哪兒來的？」老子想了想，說：「用一個字來概括就是『道』。」問的人滿腹狐疑地問：「此話何講？」於是老子就給他解釋，問的人受益匪淺。

老子認為，天地之間，只有陰陽而已。陰陽要統一，既不靠天，也不靠地，這就構成了道。任何事物都要維持陰陽的統一和平衡。老子對「道」的認知，是道家思想的核心。

順應天地：道家思想的智慧精髓

列子與《列子》：超然物外的智慧

那還是戰國時期，鄭國圃田有位終生致力於道德學問的人，名叫列禦寇，他曾師從老子的弟子尹喜、著名隱士壺丘子、老商氏和支伯高子。由於他學問淵博，道德高尚，一心清靜修道，被人們尊稱為列子。

一次，一位列國使者入鄭拜訪列子時，他發現這位自己仰慕的有道之士，竟然經常在餓肚皮的情況下，埋頭搞學問。於是，使者便跟鄭國的宰相鄭子陽說：「你治理的國家一派興旺景象，而像列子這樣一位有道之人，在你的國家卻生活得如此貧困，是不是因為你不喜歡像他這樣賢達的士人？」

鄭子陽聽使者這麼一說，他認為自己怠慢了有道之人，便馬上派官吏給列子送去 10 車米粟。列子雖然窮得經常吃不飽飯，但卻婉言謝絕了鄭子陽送來的米粟。

列子妻子看著可以接濟自家的米粟就這樣被列子拒之門外，不免有點埋怨丈夫。待鄭子陽派來的官吏離開後，她對列子說道：「我聽說，有道之人的妻子兒女都能夠跟著她丈夫享

受到安逸歡樂，可是如今我們明明已經在忍飢挨餓，你卻仍然將宰相好心贈送給我們的食物拒絕了。你這樣做，難道是命中注定我們要跟隨你過苦日子嗎？」

列子笑著對妻子說：「鄭子陽先生並沒有真正地了解我，只聽到別人談論我，便派人送東西給我，這說明他是個輕信別人的人。假若有一天，他再聽到別人說我不好，那麼，他也會在不了解真實情況下怪罪於我。這就是我之所以不願意接受他恩惠的真正原因。」

果然，沒多久，鄭國發生了變亂，鄭子陽在變亂中被殺，鄭子陽的黨眾也被牽連致死。列子因為沒有接受鄭子陽的恩惠而得以安然無恙。

當時，因為戰爭頻繁，人們為了保護寶貴的生命，紛紛學習「貴生」之道。一次，列子的弟子嚴恢向列子請教如何做才能保住自身。列子對嚴恢說：「你如果懂得怎樣保持落後，我就可以和你談怎樣保住自身了。」

嚴恢不解地說：「保持落後就能保住自身嗎？請老師賜教。」

列子說：「回頭看看你的影子，就知道了。」

聰明的嚴恢回過頭看一下自己的影子，馬上便明白了老師的意思，對老師說：「我明白了。身體彎曲，影子便彎曲；身體正直，影子便正直。影子的彎曲與正直是隨身體而變化的，

根源不在影子自身；自己的屈曲與伸直是隨外物而變化的，根源不在我自己。這就叫保持落後卻處於前列。」

列子與老子、莊子是道家思想的3個主要代表人物。列子的道家思想主張清靜無為，後被道教尊奉為「沖虛真人」。

莊子在他所著的《莊子》中有許多關於列子的傳說，比如列子曾向壺丘子林和老商氏學過氣功，而《逍遙遊》中把他描繪成為神仙，莊子寫道：

列子御風而行，泠然善也，旬有五日而後反；彼於致福者，未數數然也。

意思是說，列子乘風飛行，飄然輕巧，十五天後才返回。他對於尋求幸福的事，從來沒有急急忙忙追求的樣子。

傳說當列子潛心修道時，御風而行，常在立春之日乘風遊八荒，在立秋之日返回住所「風穴」。這些記載雖然誇張，但也間接反映了列子道家學問的精深和列子超然物外的道家風範。

列子學說主要是養生術，因為他不大關心政治，認為政治事務與政治鬥爭，以及一切改造社會或自然的努力都有礙於養生。在這方面，列子與老子「無為而無不為」的思想有明顯區別，而比較接近於莊子。

列子一生安於貧寒，不求名利，不進官場，隱居鄭地40

年,潛心著述 20 篇,約 10 萬多字。

《列子》是列子、列子弟子以及列子後學著作的彙編。全書 8 篇,140 章,由哲理散文、寓言故事、神話故事、歷史故事組成。書中共有神話、寓言故事 102 個,〈黃帝篇〉中有 19 個,〈周穆王篇〉中有 11 個,〈說符篇〉中有 30 個。這些神話、寓言故事和哲理散文,篇篇閃爍著智慧的光芒。

《列子》的每篇文字,不論長短,都自成系統,各有主題,反映睿智和哲理,淺顯易懂,饒有趣味。《列子》是中國古代思想文化史上著名典籍,屬於諸家學派著作,是一部能啟迪人們心智,給人啟示,給人智慧的著作。

【旁注】

鄭國:是中國西周末至戰國初重要諸侯國之一,姬姓。第三代君主鄭莊公時最為強盛,號稱春秋小霸主,莊公之後諸公子爭位,國勢漸弱,兼之鄭國地處中原,四周皆有強鄰,發展受限。後來子孫以國為氏,是鄭姓的由來。

貴生:指珍惜生命,以生命為貴。貴生屬於中國古代道家子華子學派的學說。子華子認為,道的實體用來保護身體,它的剩餘用來治理國家,它的渣滓用來治理天下。聖人深思熟慮天下的事,認為沒有什麼比生命更寶貴。

順應天地：道家思想的智慧精髓

周穆王（？～西元前 921 年）：姬滿，周昭王之子。周王朝第五位帝王。他東征西討，擴大疆土，加強對四方蠻夷的統治力度，其範圍之廣，前無古人後無來者。他是中國古代歷史上最富於傳奇色彩的帝王之一，關於他的傳說，層出不窮，最著名的則是記載周穆王的《穆天子傳》。

【閱讀連結】

少年列子跟著老師尹喜學射箭。有一次，列子一箭射中靶子，忙高興地跑去問尹喜：「老師，現在我能一箭射中靶子，是不是我已經學會了射箭？」尹喜說：「你知道你為什麼射中了靶子嗎？」列子回答說：「不知道。」尹喜說：「不知道那還不算學會了射箭。」於是，列子跟著尹喜又學了 3 年。

3 年之後，列子再去向尹喜求教。尹喜又問：「現在你知道你為什麼射中靶子嗎？」列子說：「知道了。」尹喜說：「知道了為什麼射中，這才算是真正的學好了。你要記住，做學問學技能不能以一兩次僥倖成功就滿足了，要扎扎實實地弄懂弄通才算是真正掌握了真本領。」

王弼與玄學:「無」的哲學與人生境界

那是魏晉時期,山陽郡有一個王姓家裡添了一個男丁,取名王弼。

王弼家世顯赫,他的曾外祖父是東漢末號稱「八俊」之一、身為荊州牧的劉表;六世祖是東漢時名高天下的王龔,官至太尉,位列「三公」;五世祖劉暢為漢末「八俊」之一,官至司空,亦列「三公」;父親王業,官至謁者僕射;繼祖王粲為「建安七子」之首,是有名的文豪。

王弼生在這樣世代書香之家,自幼受到知識薰陶,自然得益不少。少年王弼不僅從小學習、研討儒、道,常有獨到的見解,而且是一個多才多藝的少年。

王弼知識豐富,能說會道,思想敏銳而深刻;他不追求文章辭藻,卻有真知灼見。從10多歲開始,他就特別喜歡老子的學說。

老子的無為思想、思辯思想,莊子的汪洋恣肆,通脫善辯,對少年王弼都有非常大的吸引力。所以,王弼喜歡遊樂於

山水之間，大自然廣寬的天地陶冶出他曠達的性格；音樂之美又使他超拔於自然之外。深思敏察的王弼，從中增長了不少見識，擴大了眼界。

後來，年輕的王弼面對享有盛名的玄學家何晏，竟毫無忌諱地把自己注《老子》的主要思想講給何晏聽。

王弼說，世界的本體是「無」，是「萬物之宗」，「無」能生「有」。他把老子所說的「道」也用「無」來解釋。他認為「道」就是「無」，所以，「無」或者說「道」是生成宇宙萬物的本體，是萬物之宗。「道」和「無」能生成萬物，任誰也不能叫出它具體名稱來，只能意會而已。

王弼又借用古代「五行」的學說，而賦予它新的意義，他說：「天生五物，無物為用。」五物又稱五材，即金本水火土，是自然界中存在的五種基本物質，是「有形」的東西，與生成萬物的「無」是矛盾的。所以，有形的五物依靠「無」才能發揮作用，產生萬物。

王弼的高談闊論，令學識淵博的何晏也感到震驚，並深深佩服他的見解。

王弼結合新時代特點，利用儒家經學傳統的影響，把自己的思想體系巧妙地貫串在注文之中。他寫了很多著作，據史載，有《老子注》、《老子指略》、《周易注》、《周易略例》、《論

語釋疑》、《王弼集》5卷。這些著作,打破了漢以來僵化的思維模式,可說是追求思想解放的先鋒。

王弼以儒道兼采、以道為主,創立了魏晉玄學的思想體系,對儒學研究的轉變發揮了功不可滅的正面作用。他不僅在魏晉時期的哲學、經學、思想界占領導地位,產生了巨大影響,而且影響到文學創作及佛道兩教在內的宗教界。

後世文學方面的玄言詩、山水詩及田園詩,也與王弼的玄學思想和崇尚自然有關。而宋明理學則是在王弼重義理、善思辯的基礎上發展的結果。

【旁注】

劉表:字景升,東漢末年名士,漢室宗親,漢末群雄之一。劉表年輕時受到良好的儒家教育,參加過太學生運動,被稱為「八俊」之一。為大將軍何進辟為掾,出任北軍中候。後代王睿為荊州刺史,用蒯氏兄弟、蔡瑁等人為輔。他據地數千里,帶甲十餘萬,稱雄荊江。

建安七子:建安年間7位文學家的合稱,包括孔融、陳琳、王粲、徐幹、阮瑀、應瑒、劉楨。這7人大體上代表了建安時期除曹氏父子外的優秀作者,所以「七子」之說,得到後世的普遍承認。他們對於詩、賦、散文的發展,都曾做出過貢獻。

順應天地：道家思想的智慧精髓

玄學：又稱新道家是對《老子》、《莊子》和《周易》的研究和解說。產生於魏晉。是魏晉時期的主要思想，是道家和儒家融合而出現的一種思想、文化思潮。它回答的問題是人類已知西方科學無法回答的問題。這類學問的指導思想，是一種東方哲學的思維方法。

玄言詩：一種以闡釋老莊和佛教哲理為主要內容的詩歌。玄言詩是東晉的詩歌流派，約起於西晉之末而盛行於東晉。代表作家有孫綽、許詢、庚亮等；其特點是玄理入詩，以詩為老莊思想的說教和注解，嚴重脫離社會生活。

山水詩：是指描寫山水風景的詩。雖然詩中不一定純寫山水，亦可有其他的輔助內容，但是呈現耳目所及的山水狀貌聲色之美，則必須為詩人創作的主要目的。由謝靈運開創，脫胎於玄言詩。詩中的山水並不局限於荒山野外，其他經過人工點綴的著名風景區，以及城市近郊、宮苑或莊園的山水亦可入詩。

田園詩：是隱居不仕的文人和從官場退居田園的仕宦者們所作的以田園生活為描寫對象的詩歌。中國古代的田園詩指歌詠田園生活的詩歌，多以農村景物和農民、牧人、漁父等的勞動為題材。東晉大詩人陶淵明開創了田園詩體。

【閱讀連結】

　　自漢武帝以來,儒家經典就已經成了帝王的工具,但隨著歷史的變革、時代的發展,儒學實際也已走到了非要變革不可的地步。王弼摒棄漢儒治《易》中的象數傳統和迷信色彩,而用義理解釋《易》經;把傳統的重天思想,轉變到注重人事。借鑑《老子》的「無為」思想,提出了「以無為本」的思想命題。這就給病危的儒學注進了新鮮的血液,建立了以道為主、儒道結合的新時代的新思想。

　　王弼因此成了魏晉玄學理論體系的奠基人和代表人物,也代表了魏晉時期思想領域的最高水準。

順應天地：道家思想的智慧精髓

嵇康與竹林七賢：自由思想的象徵

那還是東漢末年，社會危機日益尖銳，在意識形態上居於支配地位的儒家思想開始動搖，「自然」、「無為」的老莊思想開始抬頭，人們開始崇尚貴生、避世思想。

到了曹魏建安時期，以曹氏為首的名士們，推崇黃老思想，崇尚放達，以至於清談之風盛行。魏正始年間，嵇康、阮籍、山濤、向秀、劉伶、王戎及阮咸7人，常在當時的山陽縣竹林之下，喝酒、縱歌，肆意酣暢，世謂「竹林七賢」。這對魏晉時期玄學思想產生了直接影響。

居於「竹林七賢」之首的嵇康，曾經寫文章論述老莊崇尚自然的論點，說明自己的本性樂在自然。其實，他的這一思想，與他的個人經歷有關。

嵇康年幼喪父，由母親和兄長撫養成人，從小便博覽群書和學習各種技藝。成年後的嵇康容貌出眾，迎娶魏王曹操曾孫女長樂亭主為妻，官至曹魏中散大夫，世稱嵇中散。與曹氏集團的聯姻，說明嵇康與曹氏為首的名士們所推崇的黃老思想更

接近。他自己曾經這樣說：「老莊，吾之師也！」

事實上，在諸多古代經典中，嵇康最喜歡讀的就是道家著作。他崇尚老莊，講求養生服食之道，主張「越名教而任自然」的生活方式。

嵇康承道家虛靜淡泊的思想，以超脫的襟懷，深邃的哲思，在自然山水中觀照自己的理想人格，賦予自然豐富的主觀情感，開創了山水審美寄情、暢神的藝術心靈境界。

嵇康回歸自然，超然物外得自在，不為世俗所拘，而又重情誼。有一次，大將軍司馬昭準備禮聘嵇康為幕府屬官，他聽說後，趕緊跑到河東郡躲避起來。同為「竹林七賢」的山濤曾推薦他做官，他作〈與山巨源絕交書〉，列出自己有「七不堪」、「二不可」，堅決拒絕為官。

嵇康愛好打鐵，鐵鋪子在後園一棵枝葉茂密的柳樹下，他引來山泉，繞著柳樹築了一個小小的游泳池，打鐵累了，就跳進池子裡泡一會兒。史書《晉書・嵇康傳》寫道：

康居貧，嘗與向秀共鍛於大樹之下，以自贍給。

嵇康身處亂世，崇尚老莊，講求服食養生之道，並有自己的養生訣竅，他認為人之所以能長壽，在於注意生活中的細微之處以保養自己。他的養生之道，關鍵在於平日一點一滴的修養，不使自身為七情所傷、六淫所中，如此才能身體強健，得

以長壽。嵇康認為，只要會養生，人是可以長壽的。

至於導養得理，以盡性命，上獲千餘歲，下可數百年，可有之耳。

嵇康認為，正確的養生應該是：

君子知形恃神以立，神須形以存，悟出理之易失，知一過之害生。故修性以保神，安心以全身，愛憎不棲於情，憂喜不留於意，泊然無感而體氣和平，又呼吸吐納，服食養身，使形神相親，表裡俱濟也。

除了養生，嵇康還通曉音律，尤愛彈琴，著有音樂理論著作〈琴賦〉、〈聲無哀樂論〉，他主張聲音本質是「和」，合於天地是音樂的最高境界，認為喜怒哀樂從本質上講並不是音樂的感情而是人的情感。

嵇康作有〈風入松〉，相傳〈孤館遇神〉也為嵇康所作，又作〈長清〉、〈短清〉、〈長側〉、〈短側〉四曲，被稱為「嵇氏四弄」，與東漢著名文學家蔡邕創作的「蔡氏五弄」合稱「九弄」，是中國古代一組著名琴曲。

另外，嵇康還擅長書法和丹青。其墨跡「精光照人，氣格凌雲」，被列為草書妙品。

【旁注】

清談：是魏晉時，承襲東漢清議的風氣，就一些玄學問題析理問難，反覆辯論的文化現象。它所對應的政治現象是魏晉士族制度及封建特權階級；對應的經濟形態是漢末以來的豪強地主經濟和士族莊園經濟。隨著士族制度的崩潰，清談之風衰落。

中散大夫：官名，簡稱中散。西漢末年王莽時置，或作東漢光武帝置，掌論議政事，員額30人。歷代沿置。唐、宋為文散官，正五品上，為文官第十階。宋元豐改制後，以換光祿卿至少府監各官。後定為第十四階。元代時廢。

七情：即喜、怒、憂、思、悲、恐、驚7種情志變化。它們與臟腑的功能活動有著密切的關係。七情是生命活動的正常現象，不會使人發病。但在突然、強烈或長期性的情志刺激下，會使臟腑氣血功能紊亂，就會導致疾病的發生，故稱為內傷七情。

六淫：是風、寒、暑、濕、燥、火6種外感病邪的統稱。中醫認為，陰陽相移，寒暑更作，氣候變化都有一定的規律和限度。如果氣候變化異常，六氣發生太過或不及，或非其時而有其氣，以及氣候變化過於急驟；超過了一定的限度，使身體不能與之相適應的時候，就會導致疾病的發生。

順應天地：道家思想的智慧精髓

丹青：中國古代繪畫常用朱紅色、青色，故稱畫為「丹青」。民間稱畫工為「丹青師傅」。也泛指繪畫藝術，如《晉書‧顧愷之傳》：「尤善丹青。」也比喻堅貞。因丹青兩色不易變易，所以也叫做丹青不渝。

【閱讀連結】

嵇康曾到洛西去遊覽，晚上宿於華陽亭，曾遇見一位穿著古代衣服的客人，與嵇康談論音樂。客人談到高興外，便把嵇康的琴要過來彈奏，彈完曲子告訴嵇康說，此曲名叫〈廣陵散〉。嵇康聽後很感動，再加上他覺得此人所彈出的聲調無人能及，於是就向客人求教。

客人並不拒絕，一遍一遍的教，一直把嵇康教會。之後客人要求嵇康發誓，不把這只曲子傳給別人。嵇康指天發誓後，客人連姓名也未留就走了。嵇康學會〈廣陵散〉後，經常彈奏它，以致招來許多人前來求教。

郭象與獨化論：
玄學思想的深化與詮釋

到了西晉中後期，一些清談名士借「任自然」來作掩護，且美其名曰「通達」、「體道」。這種情況嚴重地腐蝕了門閥士族地主階級，危及封建名教規範，以至直接影響到門閥士族的政治統治。當時一些有見識的玄學家，便對這種情況提出批評。

當時的大學者郭象不贊成把名教與自然對立起來的理論，認為名教完全合乎人的自然本性，人本性的自然發揮也一定符合名教。在此之後，郭象進一步從理論上重新把名教與自然調和統一了起來。

其實郭象在年紀還小的時候，就展現出很高的才華，十幾歲的時候，不但已經讀完《老子》、《莊子》等古書，而且還能一口氣背誦出來。由於他知識非常豐富，而且他喜歡把知識應用在日常生活中的小細節裡，在跟別人談論的時候，他提出的見解不但比別人深刻，而且還能夠將各種道理說得很清楚，因此在社會上很有聲望，一些清談名士都很推崇他。後來，隨著

順應天地：道家思想的智慧精髓

郭象的名聲愈來愈大，朝廷便派人請他做官。郭象推辭不掉只好答應，當上了黃門侍郎。隨後郭象又被東海王司馬越所招攬，任命為太傅主簿，深得司馬越賞識和重用。

對於當時清談名士「任自然」的主張，西晉著名思想家裴頠在他所著的《崇有論》，揭露放任自然、崇尚虛無給社會政治、經濟和風俗帶來的嚴重危害，並從理論上用以有為本批判以無為本，提倡有為，否定無為，推崇名教，排斥自然。

針對思想家裴頠以名教為本的觀點，郭象提出了一套「濟有者皆有」的「崇有論」體系。

郭象認為，仁義等道德規範就在人的本性之中，而且物各有性，而「性各有分」。一切貴賤高下等級，都是「天理自然」，「天性所受」，人們如果「各安其天性」，則名教的秩序就自然安定了。他提出名教即自然，自然即名教的主張，構成了一套即本即末，本末一體的「獨化論」體系。

郭象「獨化論」的中心理論是，天地間一切事物都是獨自生成變化的。萬物沒有一個統一的根源或共同的根據，萬物之間也沒有任何的資助或轉化關係。所以他說：

凡得之者，外不資於道，內不由於己，掘然自得而獨化也。

萬物雖聚而共成乎天，而皆厝然莫不獨見矣。

郭象與獨化論：玄學思想的深化與詮釋

郭象反對王弼等把「無」說成是統攝天地萬物生成、變化的共同本體的理論，聲稱「無既無矣，則不能生有」，「不能生物」。他進一步明確指出：「上知造物無物，下知有物之自造」、「自生」、「自得」、「自爾」等等。獨化論充分肯定「物皆自然」，反對造物主，否定「有生於無」等觀念。

郭像是融合儒道的玄學家，其思想有兩個重要獨特的名詞，一個是「獨化」，一個是「玄冥」。

「冥內而遊外」就是儒道融合的結合，其主要特徵是，在個體學說中容納了群體精神，在個人精神境界中包含了道德內容。這在理論上似乎矛盾，因為「玄冥之境」是一種超是非超善惡的精神境界，而倫理道德是有是非善惡的。

為了使其學說能夠適應倫理社會的需求，郭象作出了很大妥協，他修訂了老莊的自然無為說，他把體現社會倫理關係的仁義之性看成是存在的重要方式。這樣一來，「玄冥之境」實際上包含了道德境界的內容，雖然從其「冥合玄同」的絕對意義上說，亦可說是超道德的。

郭象的「獨化論」在理論上有許多失足之處，但在當時歷史條件下，邏輯論證是相當精緻的。他基本上滿足了當時門閥地主階級調和與統一名教與自然矛盾的理論要求。

郭象著作，流傳至今最為重要的是《莊子注》，實際上這

不是《莊子》這部書的注解,而是一部思想著作,它是代表玄學發展第三階段的最後體系。

經典著作《老子》上載存郭象著《論語體略》2卷;又著錄郭象撰《論語隱》1卷,現已亡失。在梁代儒家學者皇侃編著的《論語義疏》中引有郭象注九則,清代著名學者馬國翰《玉函山房輯佚書》中有輯本,觀其文義,與《莊子注》互相呼應,對研究郭象思想很有價值。

【旁注】

門閥士族:指在社會上有特殊地位的官僚士大夫結成的政治集團,萌生於兩漢,形成發展於魏晉,至隋唐科舉制實施後,使門第不高的庶族地主通過考試參加到政權中來,摧垮了士族制度的政治基礎「九品中正制」。從此,存續了六七百年的士族制度最終在歷史舞臺上消失。

司馬越(?~西元311年):字元超,河內溫縣人,東武城侯司馬馗之孫,高密王司馬泰次子。西晉惠帝至懷帝時期權臣。司馬越被封為東海王,參與「八王之亂」,成為最終勝利者。西元311年,司馬越病故於項城,標誌著「八王之亂」終結。

裴頠(西元267年~300年):中國西晉時期的思想家,

字逸民,曾任散騎常侍,國子祭酒兼右軍將軍、尚書左僕射之職。裴頠反對王弼、何晏的貴無論,提出崇有論。裴頠的思想在當時有很大影響,被認為是崇有派領袖。著有《崇有論》,《晉書》把它完全載入裴頠的傳中。

名教:西漢大儒董仲舒宣導「審察名號,教化萬民」。漢武帝把符合封建統治利益的政治觀念、道德規範等「立為名分,定為名目,號為名節,制為功名」,用它對百姓進行教化,稱「以名為教」。但「名教」這個詞的正式出現是在魏晉時期,用來指以孔子的「正名」思想為主要內容的封建禮教。

玄冥:在中國古代主要指神的名字,如水神、冬神、北方之神等。最著名的四時、四方之神之中的冬天之神北方玄冥。而道家則用來形容「道」的,道教稱腎之神。到漢代,民間用來指陰間,九泉;同時用於漢代郊祀歌名。

皇侃(西元488年~545年):一作皇偘,其字不詳。南朝梁儒家學者,經濟學家。皇侃是青州刺史皇象的九世孫,他曾任國子助教、員外散騎侍郎。皇侃少好學,師事時之名儒會稽賀瑒。精通儒家經學,對後世影響很大。

馬國翰(西元1794年~1857年):字詞溪,號竹吾。歷城人。清代著名的文獻學家、藏書家。他學習勤奮刻苦,少年時就顯露出文思敏捷的才能。馬國翰19歲時,在家鄉考取秀

才。於是便以教書為業，先後開館於古祝、冶山及鮑山、黃石興隆寺等地，當了 20 年的私塾先生。

【閱讀連結】

　　郭象年輕的時候，已經是一個很有才學的人。尤其是他對於日常生活中所接觸的一些現象，都能留心觀察，然後再冷靜地去思考其中的道理，因此知識十分淵博。後來郭象到朝中做了黃門侍郎。到了京城，由於他的知識很豐富，所以無論對什麼事情都能說得頭頭是道，再加上他的口才很好，又非常喜歡發表自己的見解，因此每當人們聽他談論時，都覺得津津有味。

　　當時有一位太尉王衍，十分欣賞郭象的口才，他常常在別人面前讚揚郭象說：「聽郭象說話，就好像一條倒懸起來的河流，滔滔不絕地往下灌注，永遠沒有枯竭的時候。」郭象的辯才，由此可知。

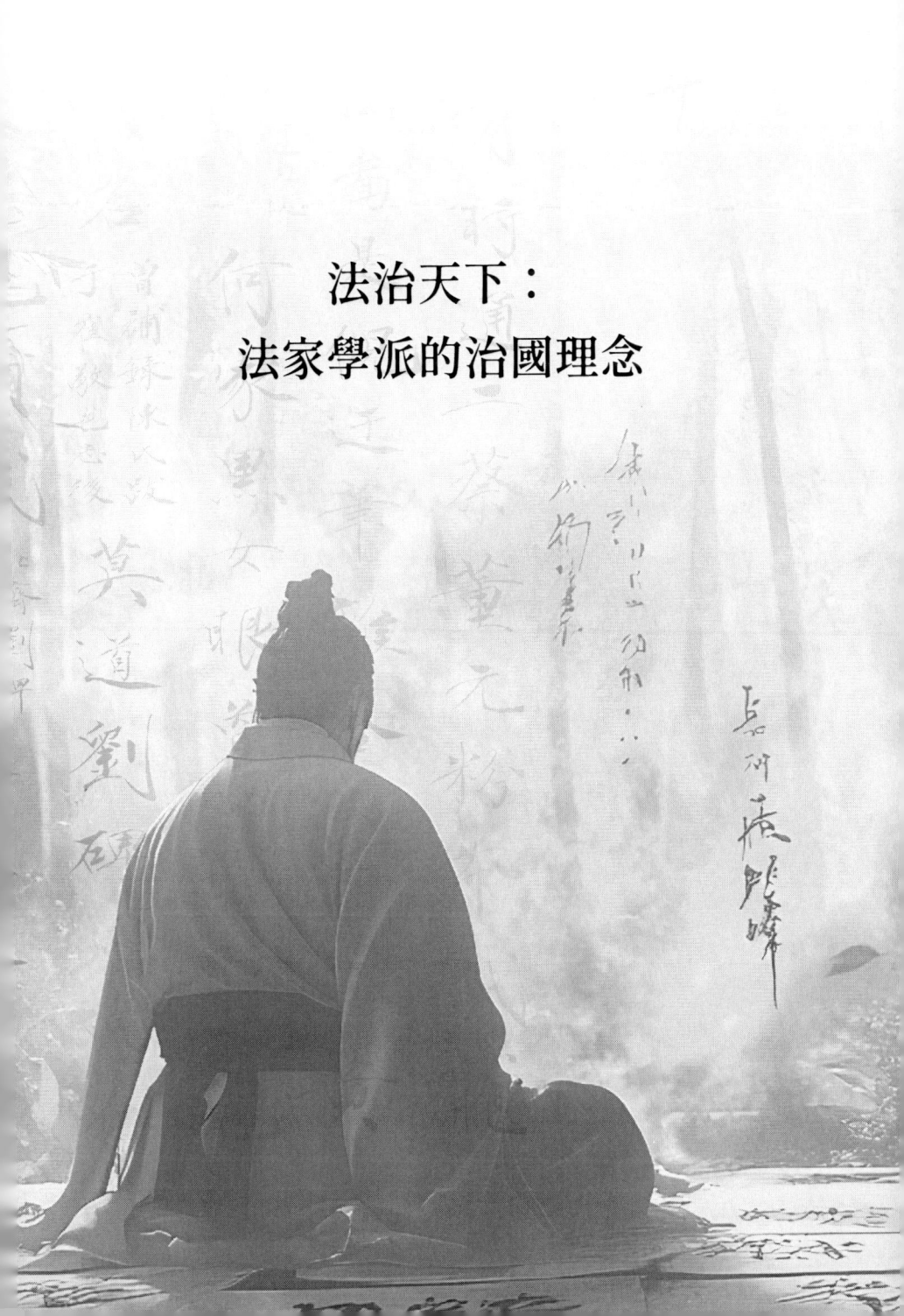

法治天下：
法家學派的治國理念

法治天下：法家學派的治國理念

　　戰國初期，封建制在各諸侯國相繼建立，應經濟、政治、思想領域全面變革奴隸制的需求，產生了新興地主階級的法家學派。這一學派的著名思想家如管仲、商鞅、申不害、韓非、李斯等，都主張以法治國，在法律界及法理學方面做出了卓越貢獻。

　　法家在法理學方面做出了很大貢獻，對於法律的起源、本質、作用以及法律和社會經濟、時代要求、國家政權、倫理道德、風俗習慣、自然環境以及人口、人性的關係等基本的問題都做了探討，且卓有成效。

管仲與《管子》：春秋時期的改革先驅

那是在中國春秋末年，在競相爭霸的各個諸侯國中，齊國是其中實力較強的一個。

當時的齊國是齊襄公在位，但由於內部矛盾尖銳，齊襄公的兄弟和大臣都逃往國外。公子小白和公子糾也都出國尋找政治出路。

公子糾的母親是魯國國君的女兒，所以擁護公子糾的大臣管仲便陪同公子糾來到魯國，而公子小白則在大臣鮑叔牙的保護下躲到了莒國。

後來齊國發生內亂，逃亡在外的公子糾和公子小白都想趁此機會奪回君位。公子小白接到信後與鮑叔牙提前上路。當公子糾得知公子小白已經上路時，就派管仲帶人埋伏在路上準備偷襲公子小白。當公子小白飛馬趕到時，管仲搭弓引箭向公子小白射去，公子小白大叫一聲倒在地上裝死。管仲誤以為公子小白已死，便匆忙趕回去向公子糾報告。

法治天下：法家學派的治國理念

其實公子小白只是肩臂上受了一點傷，並無生命危險。等管仲走後，公子小白與鮑叔牙快馬加鞭趕回齊國，並順利地當上了齊國的國君，即齊桓公。

管仲與公子糾知道公子小白當上齊國國君後，便求得魯國幫助攻打齊國，想要奪回王位。交戰中魯國大敗，公子糾被殺，管仲也被裝入了囚車送回齊國。

鮑叔牙與管仲是好朋友，兩人的交情非常深。當管仲被送回齊國邊境的時候，鮑叔牙把他從囚車中放出來，並勸說管仲輔助齊桓公。

管仲本來就有「治國平天下」的遠大抱負，於是就答應了。但齊桓公一直對管仲射他一箭懷恨在心，想要處死管仲。鮑叔牙對齊桓公說：「我的才能遠遠不及管仲，如果您想要治國圖強稱霸天下，您就必須重用管仲。」

齊桓公是個非常愛惜人才的人，他聽鮑叔牙這樣一說，便打消了殺管仲的念頭。為了試探一下管仲到底有多大的才能，齊桓公便任用管仲為國相，位在鮑叔牙之上。鮑叔牙並沒有因此而嫉妒管仲，反而與管仲齊心協力輔助齊桓公。

管仲立即推薦了公子舉、公子開方和曹孫宿 3 位人才，把他們派出去做魯國、衛國和荊國的大使，先來穩定國際間的緊張局面。齊桓公都立刻照辦了。

緊接著，管仲又起用了一批各有所長、盡忠職守的出色人才。其中最具代表性的便是「桓管五傑」，他們是負責外交、農業經濟、國防軍事、司法行政、監察的5位大臣。

管仲對齊桓公說：「這5個人，每個人都比我強，如果把我換做他們，無論哪一部分的事，我是絕不幹的。假如你只想把齊國一國政治搞好，國富兵強，只要有這5位大臣就行了。如果你想做到在列國之間做霸主，那就非我不可了。」

齊桓公說：「好吧，都照你說的去辦吧！」

由於管仲大刀闊斧地改革，推行改革，實行軍政合一、兵民合一的制度，齊國逐漸強盛。西元前681年，齊桓公在甄地召集宋、陳等4國諸侯會盟，成為中國歷史上第一個充當盟主的諸侯。

當時中原華夏各諸侯苦於戎狄等部落的攻擊，於是齊桓公打出「尊王攘夷」的旗號，北擊山戎，南伐楚國，成為中原第一個霸主，受到周天子賞賜，齊國的勢力更加壯大了。

管仲終於幫助齊桓公成就了春秋第一霸主的地位。他也因此被後人譽為「春秋第一相」。

由於管仲的思想和政績非比尋常，在管仲去世後的戰國初年，管仲的學生和門人在齊都臨淄稷下學宮形成了一個管仲學派。他們收編和記錄管仲生前思想、言論，編撰成了《管子》一書。

法治天下：法家學派的治國理念

《管子》原書 564 篇，除去重複的 478 篇，實為 86 篇。後經漢代經學家劉向編定 86 篇，全書 16 萬言，內容分 8 類。其中包括〈經言〉9 篇，〈外言〉8 篇，〈內言〉7 篇，〈短語〉17 篇，〈區言〉5 篇，〈雜篇〉10 篇，〈管子解〉4 篇，〈管子輕重〉16 篇。

《管子》有很強的法家色彩，包括大量具體的治國方術。其中對法律的作用分析認為：

法者，所以興功懼暴也；律者，所以定分止爭也；令者，所以令人知事也。

同時《管子》也糅合了儒家思想，例如《管子》認為，治國之道，必先富民。民富則易治，民貧則難治，可謂觀點鮮明。

《管子》也含有道家思想，例如其中就有最古老的道教修行的記載。《管子》也有經濟學的觀念，〈乘馬〉一章中指出：「市者，可以知治亂，可以知多寡」，「而萬人之所和而利也。」

《管子》在社會科學方面幾乎無所不包，而且對自然科學、思維科學的某些內容也有許多論述。在諸子百家中占有十分重要的地位，是研究中國古代政治、經濟、法律等各方面思想的珍貴資料。

【旁注】

齊襄公（？～西元前 686 年）：薑姓，名諸兒，齊僖公的兒子、齊桓公的哥哥，春秋時代齊國第十四位國君。姜姓，呂氏，名諸兒，齊僖公祿父之子。西元前 698 年即位。在位期間執政為王子成父。他在位期間，國力漸強，曾攻伐衛國、魯國、鄭國。

公子小白（西元前 716～前 643 年）：即齊桓公，春秋時代齊國第 15 位國君，是姜太公呂尚的第十二代孫，是齊僖公祿甫的三兒子，其母為衛國人。西元前 685 年到前 643 年在位。他任用管仲為相，國勢漸盛，終成「春秋五霸」之首。

治國平天下：出自儒家經典《禮記・大學》。治國，就是治理好一個小小的諸侯國，古代的諸侯國是要對周王室負責的，也就是後世所說的「邦」；平天下，就是安撫天下黎民百姓，使他們能夠豐衣足食、安居樂業，而不是用武力平定天下。

鮑叔牙（約西元前 723 年或約前 716 年～前 644 年）：姒姓之後，鮑叔之子，名曰叔牙，春秋時期齊國大夫。鮑叔牙廣為世人所知的事情，莫過於管鮑之交，推薦管仲當上齊相，從而幫助齊桓公九合諸侯，成就齊國霸業。

山戎：是中國春秋時期北方的一支較強大的少數民族。又稱北戎，匈奴的一支。活動地區在今河北省北部。據史書記

法治天下：法家學派的治國理念

載，山戎部族以「射獵禽獸為生」，經常聯合侵犯中原。西元前 664 年，齊桓公興兵救燕伐山戎，滅掉令支、孤竹山戎部族，約戰國晚期，山戎逐漸銷聲匿跡。

修行：是指具有自我意識的客觀存在為了實現自主進化這一目的而主動對自身施加的一系列約束的總稱。修行的代表性體系有道教、佛教、基督教及印度瑜伽等。每個體系的修行理念和修行方式方法各不相同，但也有互通參照的地方。

【閱讀連結】

鮑叔牙和管仲是好朋友。管仲出身貧寒，鮑叔牙出身大家，兩人合夥經商時，鮑叔牙總是把更多的利益讓給管仲。鮑叔牙和管仲一起去當兵，每次作戰管仲都會向後縮，所以經常遭到別人的恥笑。每當這時，鮑叔牙總要站出來為管仲辯解說：「管仲並不是貪生怕死之輩，他家裡有老母親在，他哪敢死呢！」鮑叔牙後來當官，把管仲從一介貧民，逐步提拔為太子糾的輔佐。

管仲對鮑叔牙沒齒難忘，他在晚年時，逢人便訴說對鮑叔牙的感念，二人的友情可謂至深。

商鞅與《商君書》：變法圖強的治國之策

那是在中國戰國時期，衛國的一個貴族世家家裡添了一個兒子，取名公孫鞅。公孫鞅是衛國國君的後裔，姬姓公孫氏。

公孫鞅年輕時喜歡刑名法術之學，受著名法家人物李悝、吳起的影響很大，他向明於刑名之術的思想家尸佼學習雜家學說，後侍奉魏國國相公叔痤任中庶子。

西元前362年，秦孝公繼位，公孫鞅聽說秦孝公在國內發佈求賢令，他便攜帶李悝的《法經》投奔秦國，透過秦孝公的寵臣景監見孝公。

公孫鞅第一次用帝道遊說秦孝公，秦孝公聽後直打瞌睡，並透過景監指責公孫鞅是個狂妄之徒，不可任用。

5天後，公孫鞅再次會見秦孝公，用王道之術遊說，秦孝公還是不能接受並再次透過景監責備公孫鞅。

公孫鞅便又第三次去拜見秦孝公，這次他用霸道之術遊說。秦孝公雖然予以肯定，但沒有被採用。然而聰明的公孫鞅此時

法治天下：法家學派的治國理念

已領會秦孝公心中爭霸天下的意圖，於是，他再次求見秦孝公。

這次會見，公孫鞅開始暢談富國強兵之策，秦孝公聽時十分入迷，膝蓋不知不覺向公孫鞅挪動，二人暢談數日毫無倦意。

景監不得其解，事後向公孫鞅詢問緣由。公孫鞅說，秦孝公意在爭霸天下，所以對耗時太長才能取得成效的帝道、王道學說不感興趣。

西元前359年，秦孝公打算在秦國國內進行變法，但又害怕國人議論紛紛，所以猶豫不決。於是，他召開朝會命臣工商議此事，舊貴族代表甘龍、杜摯起來反對變法。

公孫鞅針鋒相對地說：「以前的朝代政教各不相同，應該去效法哪個朝代的古法呢？古代帝王的法度不相互因襲，又有什麼禮制可以遵循呢？伏羲、神農教化不施行誅殺，黃帝、堯、舜雖然實行誅殺但卻不過分，等到了周文王和周武王的時代，他們各自順應時勢而建立法度，根據國家的具體情況制定禮制，禮制和法度都要根據時勢來制定，法制、命令都要順應當時的社會事宜，兵器、鎧甲、器具、裝備的製造都要方便使用。所以說，治理國家不一定用一種方式，只要對國家有利就不一定非要效法古代。」

公孫鞅進一步闡述道：「商湯、周武王稱王於天下，並不

是因為他們遵循古代法度才興旺，殷朝和夏朝的滅亡，也不是因為他們更改舊的禮制才覆亡的。既然如此，違反舊的法度的人，不一定就應當遭責難；遵循舊的禮制的人，不一定值得肯定。國君對變法的事就不要遲疑了。」

秦孝公最終採納了公孫鞅的意見，決定在國內進行變法。公孫鞅在這次變法之爭時提到的「聖人苟可以強國，不法其故；苟可以利民，不循其禮」，成為了當時的秦國政治的指導原則。

變法之爭結束後，秦孝公於西元前 359 年命公孫鞅在秦國國內頒佈《墾草令》，作為全面變法的序幕。其主要內容有刺激農業生產、抑制商業發展、重塑社會價值觀，提高農業的社會認知度、削弱貴族、官吏的特權，讓國內貴族加入到農業生產中、實行統一的稅租制度等改革方略。

經過了兩次變法後，秦國產國力逐漸強大。河西在秦穆公時，曾是秦國的土地，秦穆公去世後，有一次秦國和魏國交戰，秦國敗，便把河西割讓給魏國。

收復河西失地、恢復秦穆公時期的霸業，一直是秦獻公和秦孝公兩代國君的願望。秦孝公繼位後，更是將收復河西失地作為國家的首要任務之一。所以，國力富強後，秦孝公便開始醞釀攻打魏國。

公孫鞅作為收復河西失地的主將，在戰爭中充分顯現了他

的軍事及外交才能，使此戰獲得了勝利。秦孝公為了獎勵他，遂封他為商君，食十五邑。從此，公孫鞅被稱為商鞅。

商鞅的思想在他去世後經過發展，逐漸形成一門學派，名為商學派。商學派經過建立、開拓、發展、定型和後勁五個階段，配合秦的歷史，逐漸成為主宰秦國乃至後來的統一帝國秦王朝的思想主流。

《商君書》也稱《商子》，是商鞅及其後學的著作彙編，是法家學派的代表作之一。書中主張依法治國、重農抑商、重戰尚武、重刑輕賞，貶斥儒家學說、縱橫家及遊俠。

《商君書》文體多樣，議論體有〈農戰〉、〈開塞〉、〈劃策〉等十數篇，或先綜合後分析，或先分析後綜合，兼用歸納演繹，首尾呼應。有時也運用比喻、排比、對比、借代等修辭手法。

其中，〈徠民〉篇運用了「齊人有東郭敞者」的寓言，以增強說理的效果和形像性。說明體有〈墾令〉、〈靳令〉、〈境內〉等篇，是對秦政令的詮釋。辯難體有〈更法〉，透過人物對話相互駁辯來闡述中心論點，西漢著名史學家司馬遷錄入《史記・商君列傳》，用以表明商鞅的主張。

《商君書》文字雖然不多，但內容龐雜，其中涉及經濟、政治、軍事、法治等等諸多重大問題，可謂洋洋大觀，成為中國古代的法家經典著作，對後世影響很大。

商鞅與《商君書》：變法圖強的治國之策

【旁注】

李悝（西元前 455 年～前 395 年）：戰國初期魏國著名政治家、法學家，他曾任魏文侯相，主持變法。李悝主張不法古，不循今，他的變法，廢止世襲貴族特權，使魏國富國強兵。代表作品有《法經》和《李子》。其「重農」與「法治」結合的思想對商鞅、韓非影響極大。故一般認為他是法家的始祖。

景監：戰國時秦國人，做過副將和國尉。六國聯盟預謀推平秦國時，景監作為密探為秦孝公探聽到這一珍貴的消息，筋疲力盡地迅速返回秦國報知秦孝公。秦孝公對其十分賞識，命他親去內亂魏國，以保國安。

神農：也就是炎帝，他生於姜水之岸生於姜水之岸，遠古傳說中的太陽神。神農，又稱神農氏，漢族神話人物，有文字記載的出現時代在戰國以後，被世人尊稱為「藥王」、「五穀王」、「五穀先帝」、「神農大帝」等。

周武王（約西元前 1087 年～前 1043 年）：姬發，周文王次子。西周王朝開國君主。他繼承父親遺志，於西元前 11 世紀消滅商朝，奪取全國政權，建立了西周王朝，表現出卓越的軍事、政治才能，成為了中國歷史上的一代明君。去世後諡號「武」，史稱周武王。

秦獻公（約西元前 424 年～前 362 年）：《世本》作秦元獻

法治天下：法家學派的治國理念

公，《越絕書》作秦元王。《史記索隱》記載名師隰，《呂氏春秋》記載公子連。秦靈公之子，戰國時期秦國國君，在位期間在秦國國內進行改革，其中包括廢止人殉、遷都、擴大商業活動、編制戶籍和推廣縣制，是秦國實現再度崛起的奠基人。

《史記》由西漢史學家司馬遷撰寫的中國第一部紀傳體通史，是「二十五史」的第一部。記載了上自上古傳說中的黃帝時代，下至漢武帝太史元年間共3,000多年的歷史，是一部優秀的文學著作，在文學史上有重要地位，具有極高的文學價值和歷史價值。

【閱讀連結】

西元前341年，秦國聯合齊、趙兩國攻打魏國。同年九月，秦孝公派商鞅進攻魏國河東，魏派公子卬迎戰。兩軍對峙時，商鞅派使者送信給公子卬，說：「我當初與公子相處得很快樂，如今你我成了敵對兩國的將領，不忍心相互攻擊，我可以與公子當面相見，訂立盟約，痛痛快快地喝幾杯然後各自撤兵，讓秦魏兩國相安無事。」

公子卬赴會時被商鞅埋伏的甲士俘虜，商鞅趁機攻擊魏軍，魏軍大敗。魏惠王被迫割讓河西部分土地求和。

申不害與法家：
以術治國的權謀之道

那是在中國戰國時期的西元前354年，素與韓國有隙的魏國出兵伐韓，包圍宅陽。面對重兵壓境的嚴重局面，韓國國君韓昭侯及眾大臣束手無策。

在這危急關頭，有一個叫申不害的低級官員對韓昭侯說：「要解國家危難，最好的辦法是示弱。現在魏國強大，魯國、宋國、衛國都去朝見，您如果執圭去朝見魏王，魏王一定會心滿意足，自大驕狂。這樣必引起其他諸侯不滿而同情韓國。」

韓昭侯覺得申不害說得非常有理，就採納申不害的建議，親自執圭去朝見魏惠王，表示敬畏之意。魏惠王果然十分高興，立即下令撤兵，並與韓國約為友邦。

從這次向建議韓昭侯執圭去見魏惠王后，這位低鄉官員申不害便被韓昭侯刮目相看，逐步成為韓昭侯的重要謀臣。從此，申不害得以在處理國家事務上施展自己的智慧和才幹。

西元前353年，魏國又起兵伐趙，包圍了趙國都城邯鄲。

法治天下：法家學派的治國理念

趙成侯派人向齊國和韓國求援。韓昭侯一時拿不定主意，就詢問申不害，應如何應對。

申不害擔心自己的意見萬一不合國君心意，不僅於事無補，還可能惹火燒身，他便回答說：「這是國家大事，讓我考慮成熟再答覆您吧！」

隨後，申不害不露聲色地遊說韓國能言善辯的名臣趙卓和韓晁，鼓動他們分別向韓昭侯進言，陳述是否出兵救趙的意見，自己則暗中觀察韓昭侯的態度。等摸透韓昭侯的心思後，申不害才進諫說應當聯合齊國，伐魏救趙。

韓昭侯果然大悅，聽從申不害意見，與齊國一起發兵討魏，迫使魏軍回師自救，從而解了趙國之圍。

韓昭侯從申不害處理外交事務的卓越表現及其獨到的見解，發現他是難得的治國人才，於是便力排眾議，於西元前351年，破格拜申不害為相，以求變革圖強。

申不害為相後，變法改革的第一步就是整頓吏治，加強君主集權。申不害認為，君主只有用「法」才能使群臣的行為統一起來，只有用「法」的標準來衡量群臣的行為，才能使國家的義正。

申不害把法比作稱量物體的權衡，用來考察群臣的行為。他認為，只有用「法」來治理國家，用「法」的標準來檢驗官吏

的行為，國家才能夠得到治理，官吏的行為才有一個正確的檢驗標準，社會秩序才能鞏固。

為了實現「法」治，申不害在韓昭侯的支持下，首先向挾封地自重的俠氏、公釐和段氏三大強族開刀。申不害果斷收回三大強族特權，推倒其城堡，清理其府庫財富充盈國庫。這些舉措，不但穩固了韓國的政治局面，而且使韓國實力大增。

申不害少年時喜歡黃老，以為「人法地、地法天、天法道、道法自然。」一切事物都有正反兩個方面，並且可以互相轉化，如「禍兮福之所依，福兮禍之所伏」等。後來又學習了其他的雜學諸說，尤其是學習了學者管子、李悝、慎到學術理論中的「術」的成份。

「術」是講國君如何控制大臣、百官，是君主駕馭臣下的手腕、手法，也就是權術。其核心包括兩個方面：一是任免、監督、考核臣下之術，史稱「陽術」。

所以，申不害主張君主「無為」，但大臣必須有能力，而且要有為。要求被任命的官吏必須名實相副，即根據官吏地職務要求，看這個人有沒有能力勝任，然後才能授官。

另外，申不害強調君主在國家政權中的獨裁地位，主張君主要獨斷，具體工作可以交給臣下，國君不必事必躬親，但生殺大權牢牢掌握在自己手中，絕不能大權旁落。

法治天下：法家學派的治國理念

變法改革的第一步完成後，申不害又向韓昭侯建議整肅軍兵，並主動請命，自任韓國上將軍。他將貴族私家親兵收編為國家軍隊，與原有國兵混編，進行嚴酷的軍事訓練，使韓國的戰鬥力大為提高。

申不害為富國強兵，還十分重視土地問題。他極力主張百姓多開荒地，多種糧食。同時，他還重視和鼓勵發展手工業，特別是兵器製造。所以，當時韓國冶鑄業是非常發達的，有「天下之寶劍韓為眾」、「天下強弓勁弩，皆自韓出」的說法。

申不害在韓國為相15年，「內修政教，外應諸侯」，幫助韓昭侯推行「法」治、「術」治，使韓國君主專制得到加強，國內政局得到穩定，貴族特權受到限制，百姓生活漸趨富裕，使韓國呈現出一派「國治兵強」的生機勃勃局面。

在當時，韓國雖然處於強國的包圍之中，但由於申不害有力的改革措施，卻能相安無事，並成為與齊、楚、燕、趙、魏、秦並列的「戰國七雄」之一。

【旁注】

韓國：是中國西周至春秋初期的諸侯國，後來的「戰國七雄」之一，國君為姬姓韓氏，起源於三家分晉。西元前403年，韓、趙、魏三家得到周威烈王的承認，正式位列於諸侯，

韓國建立。開國君主是晉國大夫韓武子的後代，建都於陽翟。西元前230年被秦國所滅，原韓國所在地設置潁川郡。

韓昭侯（？～西元前333年）：名韓武，別稱韓釐侯、韓昭釐王。中國春秋時期「戰國七雄」之一的韓國的君主。在位28年。在「戰國七雄」之中，原來以韓國最為弱小，韓昭侯在位期間任申不害主持國政，內修政務，外禦強敵，國勢安定。使韓國政治清明，國力強大。

趙國：「戰國七雄」之一，國君為嬴姓趙氏，原為趙侯，西元前325年稱趙王。趙武靈王曾實行「胡服騎射」改革措施，放棄中原人的寬衣博帶和戰車戰術，換以短衣緊袖、皮帶束身、腳穿皮靴的胡服和單人騎兵戰術，國力大強。西元前222年被秦軍所滅，而秦滅趙後遂統一中原。

慎到（約西元前395年～約前315年）：先秦諸子之一，趙國人，早年曾「學黃老道德之術」，其學術傾向有人認為屬於黃老道家，有人認為屬於法家，也有人鑑於其道法結合的思想傾向，稱之為道法家。慎到長期在齊國稷下講學，是稷下學宮的學術領袖人物之一。

上將軍：中國古代武將的官名。戰國已有，秦因之。漢時職掌為典京師兵衛或屯兵邊境。漢末以後，將軍名號繁多，名稱素樸之前、後、左、右之類。自唐以後，上將軍、大將軍、將軍，或為環衛官，或為武散官。宋、元、明三代多以將軍為

法治天下：法家學派的治國理念

武散官；殿廷武士也稱將軍。

戰國七雄：指歷史上中國戰國時期 7 個最強的諸侯國的統稱。春秋時期無數次戰爭使諸侯國的數量大大減少，到戰國時期實力最強的 7 個諸侯國分別為齊、楚、秦、燕、趙、魏和韓，這 7 個國家被史學家稱作「戰國七雄」。其中除秦國在崤山以西之外，其餘的六國均在其東邊。因此這 6 國又稱「山東六國」。

【閱讀連結】

申不害是中國早期的法家，《史記》有「著書兩篇，號曰申子」的話，《漢書》有「申子六篇」的話，但全都亡佚了。法家中有三派：慎到重「勢」、申不害重「術」，商鞅重「法」。

申不害的學術思想，明顯地受到道家的影響。他認為宇宙間的本質是「靜」，其運行規律是「常」，他把這種「靜因無為」的思想用於「權術」之中。為了完善這種方法，他進一步發揮《老子》「柔弱勝剛強」的思想，要求君主「示弱」，在關鍵時刻，申子要求君主獨攬一切，決斷一切。

韓非與《韓非子》：法術勢的完美結合

那還是中國戰國時期，約西元前 281 年，韓國國君歇的妃子生下一個兒子，取名韓非。韓非從小就聰明好學，後來拜著名的荀子為師，學習各種經論。韓非有些口吃，不善言談，但他博學多能，才學超人，文章寫得非常好，他的同學李斯自以為不如。

韓非雖然師奉荀子，但思想觀念卻與荀子大不相同，他沒有承襲荀子的儒家思想，而是在當時新的歷史形勢下，順應時代發展的需求，「喜刑名法術之學」，並「歸本於黃、老」，繼承並發展了法家思想，成為當時法家之集大成者，被人們尊稱為韓非子。

當時，韓國是「戰國七雄」最弱小的國家，韓國鄰近的秦國非常強大，為此韓國飽受秦國的威脅。再加上此時的韓王安個性懦弱，政權落入重臣之手，國內外形式都十分危急。

韓非眼見韓國國力日趨衰弱，內心非常著急，他便吸收了

儒、道和法家商鞅的學說,提出一套要把君主的權威提高到絕對的地位的理論。

韓非多次向韓王安上書進諫自己的這套治國理論,希望國君安能夠按照自己的建議勵精圖治,變法圖強。然而安對韓非的進諫置若罔聞,始終都沒採納。

韓非大失所望,在悲觀失望之餘,他從「觀往者得失之變」之中探索變弱為強的道路,並寫了〈孤憤〉、〈五蠹〉、〈內外儲〉、〈說林〉、〈說難〉等 10 餘萬言的著作,全面、系統地闡述了他的法治思想,抒發了自己憂憤孤直而不容於時的憤慨。

韓非寫的這些著作流傳到秦國後,秦國國君嬴政讀後大加讚賞,佩服地說:「寡人如果能見此人,與其同遊談論一番,那就是死也都無憾了!」

嬴政對〈五蠹〉和〈孤憤〉推崇備至,仰慕已極,但卻不知這兩篇文章的作者是誰。有一天,嬴政問國相李斯知不知道這兩篇文章的作者是誰,李斯便告訴嬴政是他同學韓非的著作。

嬴政一聽非常高興,他馬上說:「你把你這個文采斐然的同學叫到秦國,讓他做我的門客吧。」

李斯說:「大王,韓非是韓國的公子,是韓國上任國君歇的兒子,這任國君安的弟弟,韓國怎麼肯讓他來為秦國出力呢?」

韓非與《韓非子》：法術勢的完美結合

嬴政想了想說：「韓非這麼有才華，讓他留在韓國，我豈不是多了一個強勁的對手！我一定要把他弄到秦國來，我一定要見見這個了不起的大才子。」

為了見到韓非，嬴政便急切下令攻打韓國。韓國國君安本來一點都不重視韓非，也從不任用他，但在這種形勢急迫的情況下，不得不起用韓非，並派韓非出使秦國求和。

嬴政見到韓非十分高興，他本來想重用韓非。國相李斯和上卿姚賈怕韓非取代了他們的位置，便極力在秦始皇面前誹謗韓非。嬴政聽信了他們的讒言，即不信任韓非，也沒有重用他。

後來，韓非去世後，當時各國國君與大臣競相研究其著作《韓非子》，嬴政在《韓非子》的思想指引下，完成統一六國的帝業，做了始皇帝，號稱秦始皇。

《韓非子》又稱《韓子》，是韓非主要著作的輯錄，共有文章55篇，10餘萬字。裡面的文章，風格嚴峻峭刻，乾脆犀利，保存了豐富的寓言故事，在先秦諸子散文中獨樹一幟。

韓非子主張君主集權，提出重賞罰，重農戰，反對儒、墨「法先王」，主張變法改革。該書在韓非生前即已流傳。

韓非是先秦法家思想的集大成者，他總結了商鞅、申不害和慎到三家的思想，提出了一套法、術、勢相結合的法治理論。

法治天下：法家學派的治國理念

韓非認為，君主應憑藉權力和威勢以及一整套駕馭臣下的權術，保證法令的貫徹執行，以鞏固君主的地位。他還繼承了荀子的「性惡說」，主張治國以刑、賞為本。

在《韓非子》中，〈解老〉、〈喻老〉兩篇，用法家的觀點解釋《老子》，集中表述了韓非的思想觀點；〈五蠹〉把歷史發展分為上古、中古、近古3個階段，他認為時代不斷發展進步，社會生活和政治制度都要發生變化，復古的主張是行不通的；〈顯學〉則記述了先秦儒、墨顯學分化鬥爭的情況，主張禁止一切互相矛盾的學說，定法家的學說於一尊。

尤可稱道的是，《韓非子》第一次明確提出了「法不阿貴」的思想，主張「刑過不避大臣，賞善不遺匹夫」。這是對中國法制思想的重大貢獻，對於清除貴族特權、維護法律尊嚴，產生了重大的影響。

【旁注】

門客：作為貴族地位和財富的象徵最早出現於春秋時期，那時的養客之風盛行。門客主要作為主人的謀士、保鏢而發揮其作用，必要的時候也可能發展成雇主的私人武裝。每一個諸侯國的公族子弟都有著大批的門客，如楚國的春申君，趙國的平原君，魏國的信陵君，齊國的孟嘗君等。

性惡說：是中國古代著名思想家荀子提出的一種對人性的看法。荀子認為，人的本性並不是那麼美好的，人的本性就是惡的，順著人性的自然發展，必然導致各種惡的行為發生，造成社會的爭亂。因此，必須用禮義法度等去化導人的自然本性，才可為君子。

上卿：古代官名。春秋時期，周王朝及諸侯國都有卿，是高級長官，分為上、中、下三級，即：上卿、中卿和下卿。戰國時作為爵位的稱謂，一般授予勞苦功高的大臣或貴族。相當於丞相或宰相的位置，並且得到王侯、皇帝的青睞。

【閱讀連結】

《韓非子》中有一個「自相矛盾」的故事。矛和盾是古時候兩種武器，矛是用來刺人的，盾是用來擋矛的，功用恰恰相反。

楚國有一個兼賣矛和盾的商人。一天，他帶著這兩樣貨色到街上叫賣，先舉起盾牌向人吹噓說：「我這盾牌非常堅固，無論怎樣鋒利的矛槍也刺不穿它。」停一會兒，他又舉起矛槍向人誇耀說：「我這矛槍非常鋒利，無論怎樣堅固的盾牌它都刺得穿。」旁邊的人聽了，就問他說：「照這樣說，就用你的矛槍來刺你的盾牌。結果會怎樣呢？」這個商人窘得答不出話來了。

法治天下：法家學派的治國理念

李斯與法家思想：秦朝帝王術的實踐者

在中國戰國時期的楚國上蔡這個地方，一戶李姓人家家裡添了一個男孩，取名李斯，字通古。

李斯從小就是善於思考的人，有一天，他發現廁所中的老鼠，看到人來就驚慌失措地逃竄，使他忽然想到，米倉的老鼠看到他時，不但不逃，還有大搖大擺地享用粟米。

這件事使李斯頓悟到環境對個人命運的影響，意識到做「廁中鼠」或「倉中鼠」，完全看自己怎麼選擇！於是，李斯決定做自己命運的主宰。

為了達到飛黃騰達的目的，李斯到齊國求學，拜大學者荀子為師，向他學習如何治理國家的學問，即所謂的「帝王之術」。

學成之後，李斯辭別了老師，來到了當時最強的秦國首都咸陽。在咸陽，李斯很快就得到秦相呂不韋的器重，當上了秦國小官，有了接近秦王嬴政的機會。

有一次，李斯對秦王說：「凡是幹成事業的人，都必須要

抓住時機,過去秦穆公時雖然很強,但未能完成統一大業,原因是時機還不成熟。自秦孝公以來,周天子徹底衰落下來,各諸侯國之間連年戰爭,秦國才乘機強大起來。現在秦國力量強大,大王賢德,消滅六國如同掃除灶上的灰塵那樣容易,現在是完成帝業,統一天下的最好時機,千萬不能錯過。」

當時,秦王正下決心準備統一六國,所以李斯這話甚得秦王歡喜。

於是,秦王便聽取李斯用離間各國君臣的計謀對付六國,並按照李斯提出「先滅韓,以恐他國」的吞併順序開始征伐韓國。李斯也因這個建議而得到了秦王的賞識,被提拔為長史。

韓國怕被秦國滅掉,派水工鄭國到秦國鼓動修建水渠,目的是想削弱秦國的人力和物力,牽制秦的東進。後來,鄭國修渠的目的暴露了。這時,東方各國也紛紛仿模韓國派間諜來到秦國做賓客。

秦國的群臣對外來的客卿議論很大,有大臣對秦王說:「各國來秦國的人,大都是為了他們自己國家的利益來秦國做破壞工作的,請大王下令驅逐一切來客。」

於是,秦王便下了逐客令,楚國人李斯也在被逐之列。這時,李斯給秦王寫了一封信,勸秦王不要逐客,他說:「我聽說群臣議論逐客,這是錯誤的。從前秦穆公求賢人,從西方的

法治天下：法家學派的治國理念

西戎請來由餘，從東方的楚國請來百里奚，從宋國迎來蹇叔，任用從晉國來的丕豹、公孫支。秦穆公任用了這五個人，兼併了二十國，稱霸西戎。秦孝公重用商鞅，實行新法，移風易俗，國家富強，打敗楚、魏，擴地千里，秦國強大起來。秦惠王用張儀的計謀，拆散了六國的合縱抗秦，迫使各國服從秦國。秦昭王得到範雎，削弱貴戚力量，加強了王權，蠶食諸侯，秦成帝業。這四代王都是由於任用客卿，對秦國才做出了貢獻，如果這四位君王也下令逐客，只會使國家沒有富利之實，秦國也沒有強大之名。」

秦王明辨是非，他果斷地採納了李斯的建議，立即取消了逐客令，李斯仍然受到重用，被封為廷尉，重新受到秦王政的重用後。李斯以卓越的政治才能和遠見，於西元前221年，輔助秦王完成了統一六國的大業，建立了秦王朝。

秦建立後，秦王嬴政自稱始皇帝，李斯被任為丞相。當時，由於各國的文字很不統一，同一個字，就有好幾種寫法。李斯便向秦始皇建議「書同文字」，於是，秦始皇便下令禁用各諸侯國留下的古文字，一律以秦篆為統一書體。

西元前210年，李斯向秦始皇上了一道重要的奏摺，廢除原來秦以外通行的六國貨幣，在全國範圍內統一貨幣。

於是，在李斯的主持下，貨幣規定了以黃金為上幣，以鎰

為單位,每鎰重二十四兩,以銅半兩錢為下幣,一萬銅錢折合一鎰黃金。並嚴令珠玉、龜、貝、銀、錫之類作為裝飾品和寶藏,不得當作貨幣流通。同時,規定貨幣的鑄造權歸國家所有,私人不得鑄幣,違者治罪等。

李斯向秦始皇提的建議和措施,都是以法家的加強中央集權和君主專制思想為指導的,李斯的一生,絕大部分時間都是在實踐著法家的思想。

李斯的政治主張,依法治國的施政措施,對中國和世界產生了深遠的影響,奠定了中國2,000多年政治制度的基本格局。

【旁注】

呂不韋(西元前292年～前235年):戰國末期衛國的著名商人,後來的秦國丞相,著名的政治家、思想家。他往來各地,以低價買進,高價賣出,以「奇貨可居」聞名於世,曾經輔佐秦莊襄王登上王位,他的門客有3,000多人。他還組織門客編寫了《呂氏春秋》,對後世影響很大。

長史:古代職官名,秦置,其執掌事務不一,多為幕僚性質的官員,亦稱為別駕。漢代丞相、將軍幕府皆設有長史官,將軍下的長史亦可領軍作戰,稱作將兵長史,邊地的郡亦設長

法治天下：法家學派的治國理念

　　史，為太守的佐官。漢以後延設。明清時期的長史設於親王、公主等府中，執管府中之政令。

　　合縱：戰國時蘇秦遊說六國諸侯聯合抗秦的政策。後被秦國範雎的遠交近攻所打斷。合縱連橫實質是各大國為拉攏與國而進行的外交、軍事鬥爭。合縱的目的在於聯合許多弱國抵抗一個強國，以防止強國的兼併。連橫的目的在於侍奉一個強國為靠山從而進攻另外一些弱國，以達到兼併和擴展土地的目的。

　　廷尉：中國秦朝時設置的官名，為「九卿」之一，是秦漢至北齊主管司法的最高官吏。廷尉的職掌是管理天下刑獄。每年天下斷獄總數最後要匯總到廷尉；郡國疑難案件要報請廷尉判處；廷尉也常派員為地方處理某些重要案件。有的還可駁正皇帝、三公所提出的判決意見。

　　秦篆：即小篆，小篆是在秦始皇統一全國後，推行「書同文，車同軌」，統一度量衡的政策，由宰相李斯負責，在秦國原來使用的大篆籀文的基礎上，進行簡化，取消其他六國的異體字，統一文字漢字書寫形式。

李斯與法家思想：秦朝帝王術的實踐者

【閱讀連結】

　　秦王朝建立之初，宰相李斯為了鞏固新政權，對秦始皇說：「由於時代的變化，五帝三代的治國辦法並不值得效法。現在天下統一，首先應該防止攪亂民心。對於造謠惑眾，不利於統一天下的言行必須禁止，否則將會影響政局的穩定，有損皇帝的權威。」李斯的建議得到了秦始皇的允許。在李斯的建議和主持下，秦王朝還廢除了六國舊制，並統一車軌、文字、度量衡。

　　李斯政治主張的實施對中國和世界產生了深遠的影響，奠定了中國 2,000 多年政治制度的基本格局。

法治天下：法家學派的治國理念

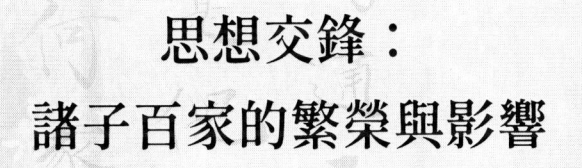

思想交鋒：
諸子百家的繁榮與影響

思想交鋒：諸子百家的繁榮與影響

　　春秋戰國時期的學術派別，除了儒家、道家、法家外，還有墨家、名家等學派學說，這是中國歷史上第一次思想大解放。

　　墨家是眾多學派中的一個重要學派，其社會倫理思想以兼愛為核心，以尚賢、尚同、節用、節葬作為治國方法。名家作為華夏文化中一種思想與邏輯表現的學派，主要是以邏輯原理來分析事物，以思想論證來辨別社會問題。此外還有農家、陰陽家、兵家、醫家等，它們一同構成了戰國時期「百家爭鳴」的繁榮景象，對後世影響很大。

墨子與《墨子》：兼愛非攻的社會理想

戰國初期，在宋國國都商丘的一個沒落的貴族家裡，一個男孩出生了，父母給他取名叫墨翟。

墨翟少年時做過牧童，學過木工；作為貴族後裔，他自然也受到必不可少的文化教育。成人後，墨翟為了學習治國之道，恢復自己先祖曾經有過的榮光，便去拜訪天下名師，開始了各地遊學的生活。那時候，他主要學習的是儒家經典。

在學習過程中，墨翟漸漸發現，儒家所講的思想內容都是一些華而不實的廢話。因此，他決定以「興天下之利，除萬民之害」為己任，到處奔走，宣傳行義。

戰國時期的社會是「強之劫弱、眾之暴寡」，針對這一現實，墨翟認為這是因為天下人不相愛所致，因此他提出了「兼愛非攻」的主張。墨翟要求君臣、父子、兄弟都要在平等的基礎上相互友愛，「愛人若愛其身」。

墨翟的這套理論得到了大批手工業者和下層士人的擁護，

他們開始追隨墨翟,並尊稱他為墨子。墨子和其弟子便把這些人組成了墨家遊俠集團。

這個集團有嚴密的組織和嚴格的紀律,他們統一穿短衣草鞋,並參加勞動,以吃苦為高尚。如果誰違背了這些原則,輕則開除,重則處死。

這個組織還規定墨家學派的領袖稱為鉅子,也作矩子,代代下傳。所有這個組織的人都必須服從鉅子的指揮,哪怕是「赴火蹈刃」也要在所不惜。

剛開始的時候,墨子在各地聚眾講學,常常以激烈的言辭抨擊儒家和各諸侯國的暴政。經過幾年的實踐,墨子深感要想「興天下之利,除萬民之害」,靠一個人的力量遠遠不夠,必須組織更多的人為義獻身。

為了培養大批人才,墨子在 30 歲之前,創辦了歷史上第一個設有文、理、軍、工等科的綜合性平民學校。

當時的楚惠王為了把賢才墨子留在楚國,就打算以書社封墨子,墨子沒有接受。越王聽說這件事後,也打算以吳的 500 里之地封給墨子,墨子也沒有接受。

墨子認為做有利他人之事,並不意味著只利於他人而不利自己,實事上,在利他人的同時,也在利益自己。這個利益是相互的。因而絕不可做犧牲他人的事情,因為犧牲他人利益的

同時實際上是在損害自己的利益。

墨子認為，如果所有的人都能做到相互愛護，同時又能做到相互給予利益，就可以改變醜惡的時弊。

在對待人才上，墨子提倡「尚同尚賢」。尚同是要求百姓與天子皆上同於天志，上下一心，實行義政。尚賢則包括選舉賢者為官吏，選舉賢者為天子國君。

墨子著力強調君子修身的重要性。人在社會上要想成就一番事業，必須要從修身做起，必須要鑄就高尚的品行，這才是一切事業的起點。

仁義之士所要做的事，必然是興盛天下人的利益，消除天下人的危害，以此作為自己的事業。就也是說，君子要興盛天下人的公利，消除天下人的公害。

另外，針對儒家看重的久喪厚葬之俗，墨子提出了節用節葬，認為君主、王公貴族都應像古代大禹一樣，過著清廉儉樸的生活。

墨子反對剝削，崇尚勞動；反對以強欺弱，主張兼愛、非攻；反對儒家禮樂，主張節葬、節用；反對世卿世祿，主張尚賢、尚同。於是，在墨子晚年，儒墨齊名。在他去世後，墨家弟子仍「充滿天下」、「不可勝數」。因此，戰國時期雖有諸子百家，但「儒墨顯學」則是百家之首。

思想交鋒：諸子百家的繁榮與影響

墨子的弟子及再傳弟子將墨子的言行記錄成書，名為《墨子》。這是一部光彩奪目的巨著，是墨家學說的精華之作。

《墨子》原來有71篇，現存53篇，其中〈經上〉、〈經下〉、〈經說上〉、〈經說下〉等4篇合存起來稱《墨經》。這4篇再加上〈大取〉、〈小取〉兩篇，稱為《墨辯》。也有人把這6篇放在一起總稱為《墨經》。

《墨子》是一部內容豐富、結構嚴謹的科學著作。書中對很多問題闡述嚴密，說理透徹，立論準確，具有十分重要的科學價值。《墨子》內容廣博，包括了政治、軍事、思想、倫理、邏輯、科技等方面，是研究墨子及其後學的重要史料。在古典思想和自然科學著作中，是一部不可多得的珍品。

【旁注】

兼愛非攻：墨家學派的主要思想觀點。兼愛便必須非攻，非攻即反對攻戰；只有兼愛才能做到非攻，也只有非攻才能保證兼愛。兼愛是大到國家之間要兼相愛交相利，小到人與人之間也要兼相愛交相利。其他如節用、節葬、非樂等主張，也都是由此而派生出來的。

書社：又稱為「裡社」。中國歷史上的一種基層行政管理體制。書社，即將社員之名籍書於社簿，它實際上是歷來實行

的一種基層行政管理制度，其特點是裡、社合一，聚族而居。據史籍記載，齊侯封管仲書社三百，越王欲以故吳之地、陰江之浦書社三百封墨子，等等，都是春秋戰國時期民間書社的寫照。

修身：指透過養性使自己心智本性不受到損害，再透過自我反省體察，使身心達到完美的境界。道家、儒家、墨家都講修身，但內容不盡相同。儒家認為修身是本，齊家、治國、平天下是末；道家的修身要求做到順應自然；墨子則要求做到「志功合」興利除害、平天下。

顯學：通常是指與現實連繫密切，引起社會廣泛關注的學問；相反，隱學則是離現實較遠，不那麼為世人矚目的學問。顯學更接近於現在的科學物理研究，被稱為實踐學派；墨家學說與儒家學說組成了中國較早的顯學。有人認為，甲骨學、敦煌學和紅學為當代三大顯學。

【閱讀連結】

墨子精通手工技藝，可與當時的巧匠公輸班相比，墨子擅長防守城池，據說他製作守城器械的本領比公輸班還要高明。他自稱是「鄙人」，被人稱為「布衣之士」。

墨子一生的活動主要在兩方面：一是廣收弟子，積極宣傳

自己的學說;二是不遺餘力的反對兼併戰爭。為宣傳自己的主張,墨子廣收門徒,一般的親信弟子達到數百人之多,形成了聲勢浩大的墨家學派。墨子的行跡很廣,東到宋、齊,北到鄭、衛,南到楚、越。

惠子與公孫龍：
名家的邏輯與辯證智慧

那還是中國戰國中期，宋國有一個叫惠施的人，他自幼年起，便刻苦攻讀，到了青年時代，他所讀過的書需要用 5 輛車子才拉得完。由於他學識淵博，人們都尊稱他為惠子。

當時，魏國的國君魏惠王十分讚賞惠子的博學，有一年，魏國的宰相病故了，魏惠王便急召惠子接任。惠子接到詔令後，立即起身，日夜兼程直奔魏國都城大梁，準備接替宰相的職務。

在途中，一條大河擋住去路。惠子心裡記掛著魏惠王和魏國的事情，心急火燎，結果一不小心跌落水中。由於惠子水性不好，眼看就要沉入水底時，幸好有個船家趕來將他從水中救起。

船家問道：「既然你不會游泳，為什麼不等船來再過河呢？」

惠子說：「時間緊迫，我等不及啊。」

思想交鋒：諸子百家的繁榮與影響

船家不解地問：「什麼事這麼急，讓你連安全也來不及考慮呀？」

惠子說：「我要去做魏國的宰相。」

船家聽了覺得十分好笑，臉上露出鄙視的神情，對他說：「像你這樣連鳧水都不會的人，還能去做宰相嗎？真是太可笑了。」

惠子聽了船家這番話，十分氣惱，他很不客氣地對船家說：「要說划船、鳧水，我當然比不上你；可是要論治理國家、安定社會，你和我比起來，大概只能算個連眼睛都沒睜開的小狗。鳧水能與治國相提並論嗎？」

惠子的這番話，把船家說得目瞪口呆。

惠子到魏國後，便建議魏惠王聯合齊國和楚國一起對抗強大的秦國。魏惠王聽從惠子的建議。

後來，惠子離開了魏國來到楚國，在楚國，他受到楚王熱情接待。楚王本來打算重用惠子，但楚國大臣馮郝卻對楚王說：「擠走惠施的是魏國權臣張儀，大王與惠施結交，就必定會得罪張儀，我認為您這樣做不可取。大家都知道宋王偃非常器重惠施，還不如把惠施送到宋國去。然後，您對張儀說：『我是因為您才沒有接待惠施的。』張儀必然感激大王。而惠施是個被排擠、遭困窘的人，大王卻幫助他到宋國去，惠施也必然感激大王。這樣一來，您既不得罪他們兩人，同時還可以讓他

們兩人對您感恩戴德。」

楚王覺得此計甚妙，便連聲說：「好！好！」然後，按照馮郝的建議把惠子送到宋國去了。

西元前319年，魏惠王去世。由於當時東方各諸侯極力將魏國重新拉入合縱的陣營，魏國便改用主張合縱的大臣公孫衍為相國，張儀失寵離去。於是，惠子重新回到魏國，並再次出任魏相，並為魏國制定法律。

惠子作為一個有能力的執政者，在魏國為相17年，在國內主張「去尊」、「偃兵」，幫助魏王實施「民人皆善之」的「立法」，在外交上組織「合縱」，在提升魏國力量的同時，又為魏王打開了六國稱王的局面。

惠子和著名學者公孫龍一樣，是名家的重要代表人物，名家也和墨家一樣，曾努力鑽研宇宙間萬物構成的原因。當時有個奇人叫黃繚的，他曾詢問天地不塌不陷落以及風雨雷霆發生的原因，惠子不假思索，立刻應對說：

至大無外，謂之大一；至小無內，謂之小一。

意思是說，物質大到極限，是因為它的外面沒有其他的物質；物質小到極限，是因為它的的內部沒有其他的物質。

惠子是「合同異」派的領軍人物。合同異派著重指出差異中的同一，合異於同，所以被稱為合同異派。合同異是先秦

思想交鋒：諸子百家的繁榮與影響

名家思想的兩大流派之一，與之對立的思想是公孫龍的「離堅白」。

作為合同異派的代表，惠子認為，一切事物的差別，而對立則是相對的。他強調從連繫和發展中看世界，因而能看出一切現實差異的相對性，具有樸素的辯證思想。

惠子的思想，衝擊了孤立、靜止地對待事物的形而上學觀點，對人類認識的發展展生了一定的正面作用。

惠子的學說得到了當時人們的推崇和重視。惠子去世時，著名學者莊子送葬，過惠子之墓，崇敬有加，慨嘆道：

自夫子之死也，吾無以為質矣，吾無與言之矣！

意思是說，自從惠施先生死去之後，我沒有施技之人了！我沒有可以與之談話的人了！

事實上，惠子的學說也因莊子而得以流傳。從文獻上看，真正算的上可以作為研究惠子思想的資料，就是《莊子·天下》裡的「曆物十事」。

「曆物十事」是惠子提出的 10 個命題，物件全部是物質世界，如：「天與地卑，山與澤平」、「大同與小同異，此之謂小同異；萬物畢同畢異，此之謂大同異」、「我知天下之中央，燕之北，越之南是也」、「泛愛萬物，天下一體也」等。惠子對這些命題沒有任何論證，只是對物質世界的本質和規律作出思想

的概括。

惠子的「曆物十事」和公孫龍的詭辯是有所區別的。公孫龍是當時與惠子齊名的名家，是戰國時期趙國人，曾經做過趙國宗室大臣趙勝的門客。他的主要著作為《公孫龍子》，又名《守白論》。

《公孫龍子》在西漢時共有14篇，唐代時分為3卷，北宋時遺失了8篇，只殘留6篇，共1卷。其中最重要的兩篇是〈白馬論〉和〈堅白論〉，提出了「白馬非馬」和「離堅白」等論點，是「離堅白」學派的主要代表。

〈白馬論〉中的「白馬非馬」的詭辯之術讓許多大儒無言以對。據說公孫龍帶著一匹白馬正要出城。守門的士兵說馬匹一概不得出城。公孫龍心生一計，企圖歪曲白馬是馬的事實，希望說服士兵。

公孫龍說：「白馬並不是馬。因為白馬有兩個特徵，一是白色的，二是具有馬的外形，但馬只有一個特徵，就是具有馬的外形。具有兩個特徵的白馬怎會是只具有一個特徵的馬呢？所以白馬根本就不是馬。」

愚鈍的士兵因無法應對，唯有放行。

「白馬非馬」的錯誤在於在概念中偷換強調的重點。正確的解釋應該是，白馬，也就是白色的馬。

〈堅白論〉中的「離堅白」即將堅與白兩者相分離。此論說一開始便設問,把「堅、白、石」三分可以嗎?公孫龍認為分開不可以,那麼二分可以嗎?公孫龍認為可以。問為什麼?公孫龍回答:石無堅即可得白,如此一來就是二分,石無白即可得堅,如此一來也是二分。

接著,公孫龍論證道:眼看不到石之堅,只能看到石之白,因此「無堅」;手摸不到石之白,只能觸及石之堅,因此「無白」;看到白時,感覺不到堅,看不到白時、感覺得到堅,看與不看、結果相離。由此推論,「石」之中「堅、白」不可並存,故相互分離。

這種論點具體分析了各種感官對於事物的感受方式的特殊性,認為人們感覺接觸到的事物的各個屬性,都只能是絕對分離的獨立體。

公孫龍是著名的詭辯學代表著作,他提出了邏輯學中的「個別」和「一般」之間的相互關係,對後世影響很大。

惠子為戰國時期「名辯」思潮中的思想鉅子,與公孫龍共同將名辯學說推向頂峰,為中國古代的邏輯空間的發展和認識的提高,為思想方面形而上學的判斷,為刑法之術進行邏輯認識,提供了一種新的方式方法。從而為人民對事物的本質的認識做出了重要的貢獻。

【旁注】

大梁：戰國時期魏國都城，當時中國最大都市之一。西元前 339 年，魏都自安邑。西元前 225 年，秦將王賁攻魏，決黃河及大溝水灌大梁，城毀魏降。隋唐以後，又通稱為大梁，後改稱汴梁。

相國：戰國時期稱為「相邦」，如秦國呂不韋。漢高祖劉邦即位，為避諱改為相國。漢代相國最初由蕭何、曹參擔任。之後，相國官職正式任命一般是篡位的權臣。後代對擔任宰相的官員，也敬稱相國。後來慢慢地變成只有「丞相」一職。

合同異：是先秦名家思想的兩大流派之一，與之對立的思想是離堅白。是惠施學派的基本觀點。一切被常人當作相異的事物，在他們看來，都是相同的。對古代邏輯思想的發展有一定貢獻，但誇大了概念的同一性，忽視了個體的差別。

離堅白：是中國戰國時期名家的一派觀點，與合同異相對，代表人物是公孫龍。公孫龍將感官與感官分離，是錯誤的論證方法。然而感官與感官表面上相等，但視覺與觸覺卻是相異，反而正中離堅白的陷阱，但卻並不能反駁公孫龍的論證法。對古代邏輯思想的發展有一定貢獻。

感官：是感受外界事物刺激的器官，包括眼、耳、鼻、舌、身等。在漫長的系統進化和個體發育過程中，人為了從外

思想交鋒：諸子百家的繁榮與影響

界獲取資訊，為了適應環境、求得生存，其感覺器官形成了特定的構造。這種特定的構造既確保了人的認知能力，同時在一定程度上又限制了人的認知能力。

名辯：先秦思想家關於名實問題的論辯。戰國中期，名辯之風大盛，出現了以惠施、公孫龍兩家為代表的「堅白同異之辯」的「名家諸流」，對名實關係作了詳細的論述。他們對中國古代邏輯學的建立做了重大的貢獻。

【閱讀連結】

惠子的朋友田需一度受到魏王的器重和寵用，惠子於是告誡他說：「你一定要好好地對待魏王身邊的人。比如一棵楊樹，橫著栽下能生存，倒著栽下能生存，折斷栽下它也能生存。但是如果十個人栽它而一個人拔它，那它就難以生存了。十個人栽這一易生之物，卻抵不過一個人的破壞，原因就在於栽起來困難，而拔除它很容易。你今天雖然能使自己受器重於君王，但如果想要除掉你的人多了，你必定就很危險。」

惠施把這一道理明白地告訴了田需，從而教給了他一種實用的保寵之方。

鄒衍與五德終始：陰陽學說的奠基者

還是中國戰國時期，齊國在齊威王和齊宣王治理時國力強大，齊宣王在位時已是雄心勃勃要做天子了。等到齊閔王即位後，憑藉著以前赫赫霸業的餘威，開始不斷向外擴張，南邊攻下楚國淮北之地，北邊兼併宋國，威攝泗水流域12個諸侯國，西面攻伐三晉，對抗強秦，使五國服從，鄒、魯之君，泗上諸侯都對他稱臣。

在當時，齊國為招攬人才而設立稷下學宮，其中有一個叫鄒衍的學者，人稱鄒子，他的一套學說，正是為爭得霸主設計的政治方案，因此他本人及其學說都受到了齊宣王和齊閔王的高度重視，他也被賜為上大夫。

鄒衍是齊國人，與學者公孫龍是同時代人。無論是學儒術，還是攻陰陽，鄒衍的目的都是為匡世濟民而尋求經世致用之學。

後來，謀略家蘇秦為了對付齊國，於西元前288年向燕昭王提出「秦為西帝，趙為中帝，燕為北帝，立三帝從而可以號

145

令諸侯」的戰略計畫。

當時燕昭王正打算積蓄力量以報齊之前的滅燕之仇，於是他同意了蘇秦的計畫，並重用蘇秦，加緊伐齊的各種準備。但齊閔王在滅宋以後，被勝利沖昏了頭腦，作起當天子的美夢來了，對燕昭王的復仇計畫全然沒有放在心上。

面對齊閔王麻痹大意，坐享其成，稷下先生們多次規諫，但齊閔王卻自以為是，根本就不聽。不僅如此，他還對稷下先生十分怠慢，物質待遇也大為下降，以致使一些稷下先生窮困潦倒，紛紛逃散。

恰在此時，燕昭王招賢納士，為學者郭隗修築宮殿以師禮待之，以此作為尊賢榜樣。一時間，各國人才爭相趨燕。在這種背景下，鄒衍離齊入燕。

鄒衍到燕國時，燕昭王親自為他打掃臺階，擦淨竹席，執弟子禮，在黃金臺上拜他為師，並親建館驛請他居住，隨時聽取他的指教。

燕昭王在鄒衍、樂毅等輔助下，國力日強。西元前284年，燕昭王以樂毅為上將軍，與秦、楚、韓、趙、魏聯合伐齊。齊是鄒衍的家鄉，他雖然憎恨迫使他背井離鄉的齊王，但他始終不渝地愛戀著生他養他的那塊土地。他沒有，也不能參加這場戰爭。

鄒衍與五德終始：陰陽學說的奠基者

燕昭王去世後，由燕惠王繼位，而他對先朝舊臣並不那麼信任，鄒衍在燕國境遇大壞。齊襄王繼位後，稷下學宮又恢復了過去的繁榮局面。鄒衍原本思鄉情湧，聞此消息，歸心似箭，他又回到自己的家鄉。

歷經坎坷的鄒衍，逐漸形成了「天人合一」的思想、陰陽五行學說，以及大小九州說。其中的陰陽學說，是鄒衍最重要的學說，也是他作為陰陽家創始人的標誌。

據史書《漢書・藝文志》，鄒衍著了《鄒子》49篇和《鄒子終始》56篇。《史記・孟子荀卿列傳》說鄒衍著作「《終始》、《大聖》之篇10餘萬言」，並說「鄒衍之術，迂大而宏辨」，將他列為稷下諸子之首。

鄒衍在陰陽五行方面提出的「五德終始」學說，在當時驚世駭俗。鄒衍認為，世界萬物的轉移就是仿照自然界的五行相克即土克水、木克土、金克木、火克金、水克火的規律進行的。

「五德終始」是具有唯物主義和辯證法的思想因素。它是鄒衍試圖對自然界和人類社會作為一個統一體而作出解釋，是陰陽家溝通人類與自然界而虛構出來的一座橋梁，是對春秋戰國時期的天、地、人「三才」說的運用和發展。鄒衍把歷史看成常變的，認為沒有萬世長存的王朝，這是合理的。

鄒衍的「五德終始」學說，不僅在當時受到重視，而且對後世的學術和政治也產生了重大影響。「五德終始」作為一種改朝換代的理論工具，受到歷代新王朝建立者的推崇。

秦始皇統一六國後，根據鄒衍「水德代周而行」的論斷，以秦文公出獵獲黑龍作為水德興起的符瑞，進行了一系列符合水德要求的改革，以證明其政權的合法性，遂成為「五德終始」說的第一個實踐者。

【旁注】

泗水：是山東省中部較大河流，又名泗河。在黃河奪泗和元、明、清三代開挖南北大運河之前，沂、洙、汴、濰等河流均以泗河為幹流而注入淮河。泗水歷經歷代變故，衍生出了「兗州」、「中國」、「尊孔」這3個概念，三者間互依互賴，榮辱與共，創造了華夏東方文明。

上大夫：先秦官名，戰國諸侯國中的爵位分為卿、大夫、士3級，大夫比卿低一等。戰國時，官爵可分為卿和大夫兩級：在卿當中有上卿、亞卿之分。在大夫之中，有長大夫、上大夫、中大夫等。秦漢時，大夫為皇帝近臣，中央要職有御史大夫。後世延置，但名稱和職能多有不同。

五德終始：是中國戰國時期的陰陽家鄒衍所主張的歷史觀

念。「五德」是指五行木、火、土、金、水所代表的 5 種德性。「終始」指「五德」的周而復始的迴圈運轉。鄒衍常常以這個學說來為歷史變遷、王朝興衰作解釋。

　　三才：指天、地、人，是《周易》裡的基本知識。《周易》最早明確、系統而深刻地提出了「天、地、人」三才之道的偉大學說。這個學說早就深入中華民族之心，對於改進、調整、理順、整合、協調人與自然和社會的平衡和諧發展，具有重要意義。

【閱讀連結】

　　鄒衍在燕國時，常到各地去考察。據說有一年春天，他來到漁陽郡，見此地寒氣太盛，草木不長，百姓生活很苦，就上了郡城南邊不遠的一座小山上，吹起了律管，演奏春之曲，一連吹了三天三夜。吹律之後，暖風飄來，冰消雪化，整個漁陽大地變暖，農民趕緊耕地下種。這年莊稼長得特別好，五穀豐收。從此，漁陽老百姓日子漸漸好起來。

　　鄒衍離開漁陽後，百姓懷念他，便把他吹律的小山定名為黍穀山，山上建了鄒夫子祠，又立了碑，碑上寫「鄒衍吹律舊地」。

思想交鋒：諸子百家的繁榮與影響

鬼谷子、蘇秦與張儀：縱橫家的權謀智慧

那是春秋時期，在周的陽城地界，有一個山谷，山深樹密，幽不可測，不是人所能居住的地方，所以叫「鬼谷」。

在這谷中居有一位隱者，自號「鬼谷子」，相傳他是晉平公時人，姓王名詡。傳說他是道教的洞府真仙，位居第四座左位第 13 人，被尊為玄微真人，又號玄微子。

鬼谷子在雲夢山與宋人墨子一起采藥修道。墨子不娶妻不養子，雲遊天下，濟人利物，救危扶窮。鬼谷子則通天徹地，其學問之淵博，無人能及。

相傳鬼谷子的師父升仙而去時，曾留下一卷竹簡，簡上書「天書」二字，他打開看時，從頭至尾竟無一字，鬼谷子心中納悶，無心茶飯，鑽進自己的洞室，開始研究竹簡。

鬼谷點著松明火把，他借著燈光一看，嚇得他跳了起來，竹簡上竟閃出道道金光，一行行蝌蚪文閃閃發光，不僅嘆道：「莫非這就是世傳『金書』」。

鬼谷了 時興致倍增，他 口氣讀下來，從頭至尾背之成誦。原來上面記錄著一部縱橫家書，盡講些捭闔、反應、內楗、抵峨、飛鉗之術，共13篇。

鬼谷子讀完這13篇，不禁拍案叫絕，他想起平素與師父辯論時，師父從來不主動發話，原來師父有如此金書啊！

鬼谷子不禁想起與師父一起生活研習的時光，一股股暖流，一陣陣的心酸，不時又加幾分孤寂。於是，他熄了燈，鑽進被窩睡覺了。在夢中，他夢見了自己手持金書和指南針遊說天下的情形。

鬼谷子第二天醒來，覺得十分困頓，但他還是放心不下金書，又打開金書想細細推敲，不料書中卻一字皆無。鬼谷子從頭翻至書尾還是一字不見，他更覺此書乃師父至寶，要十分珍重，便走進內洞將其藏在臥榻之上。然後，他走出洞門按照師父所囑進行練功和作法。

不覺又是日落偏西，黑夜又至，鬼谷子走入內洞上榻休息，只見金書閃著金光，字跡依稀可見。原來，月光從天窗射進來照在金書上，鬼谷子才發現這金書原屬陰性，見日則不顯，在月光、燈光下才顯其縷縷金文，真仍曠世奇書啊！

鬼谷子發現金書奧祕後，每夜讀一遍，則每夜可得一書，第三夜他得的是致富奇書，裡面講的是一些養殖方法、貿易原

思想交鋒：諸子百家的繁榮與影響

則及取利方法等。

鬼谷子每夜必讀一遍，每次一部新書，天上人間、治國安邦、仕途經濟、天文地理、星命術數、丹藥養生，無所不有，取之不盡，用之不竭。鬼谷子視為珍寶，愛不釋手。

後來，鬼谷子成了一個很有韜略的政治家和擅長詞鋒的外交家，更是成為了著名的陰陽家、預言家。他長於持身養性，精於心理揣摩，深明剛柔之勢，通曉縱橫捭闔之術，獨具通天之智，所以世人都稱他是一位奇才和全才，他被後人譽為「千古奇人」。

鬼谷子想，不能讓師父留下來的金書失傳。於是，他便根據金書的內容，再根據自己的參悟體會，他便寫出了《鬼谷子》及《本經陰符七術》兩書。

鬼谷子還認為，應該把這些學問不斷發揚光大。於是，他開始招收門徒，開壇授課。在他幾位傑出的弟子中，最著名的兩位要屬叱吒戰國政壇風雲的縱橫家張儀和蘇秦。

張儀是魏國大梁人，是魏國貴族後裔，曾隨鬼谷子學習縱橫之術。當時，列國林立，諸侯爭霸，割據戰爭頻繁。各諸侯國在外交和軍事上，紛紛採取「合縱連橫」的策略。

秦惠王執政時，張儀由趙國西入秦國，憑藉出眾的才智被秦惠王任為客卿，籌畫謀略攻伐之事。後來，秦國仿效三晉的

官僚機構開始設置相位，稱相邦或相國，張儀出任此職。

張儀拜相後積極為秦國謀劃，他採用連橫術迫使韓、魏太子來秦朝拜，並與公子華攻取魏國蒲陽。又遊說魏惠王，不用一兵一卒，使得魏國把上郡15縣，包括少梁一起獻給秦國。張儀又率軍攻取魏國的陝縣，將黃河天險據為秦所有。秦國國勢日益強盛。

為了對抗魏國的合縱政策，進而達到兼併魏國的目的，張儀運用連橫策略，與齊、楚大臣會於齧桑，以消除秦國東進的憂慮。後來，秦惠王又遣張儀率兵伐蜀，取得勝利，旋即又滅巴、苴兩國。這樣秦國佔據了富饒的天府之國，有了鞏固的大後方，為秦國的經濟發展和軍事戰爭，提供了有利條件。

張儀運用雄辯的口才，詭譎的謀略，縱橫捭闔，遊說諸侯，建立了諸多功績，在秦國的政治、外交和軍事上成為舉足輕重的人物。

鬼谷子的另一位傑出弟子蘇秦，是戰國時期的韓國人。他出身農家，素有大志，隨鬼谷子學習縱橫捭闔之術多年，成為與張儀齊名的縱橫家。

蘇秦從鬼谷子學成之後，出遊數載，一無所成，搞得「妻不下織，嫂不為炊，父母不與言。」蘇秦感嘆說：「妻不以我為夫，嫂不以我為叔，父母不以我為子，是皆秦之罪也！」

思想交鋒：諸子百家的繁榮與影響

　　蘇秦苦讀姜子牙的《太公陰符》之時，每逢困乏欲睡，他就用錐子紮自己的大腿，雖然很疼，但精神卻來了，他就接著讀下去。就這樣用了一年多的功夫，蘇秦的知識比以前豐富多了。

　　蘇秦在有所收穫後，重新出遊。這時正好燕昭王在廣招天下賢士，蘇秦便來到燕國，深受燕昭王信任。

　　當時燕國一心想報強齊之仇。蘇秦認為，燕國欲報強齊之仇，必須先向齊表示屈服順從，將復仇的願望掩飾，贏得振興燕國所需的時間。

　　西元前 285 年，蘇秦到齊國，間離齊趙關係，取得齊閔王的信任，被任為齊相，暗地卻仍在為燕國謀劃。齊閔王不明真相，依然任命蘇秦率兵抗禦燕軍。

　　之後，蘇秦又說服趙國聯合韓、魏、齊、楚、燕攻打秦，趙國國君很高興，賞給蘇秦很多寶物。蘇秦得到趙國的幫助，又到韓國遊說韓宣王，到魏國遊說魏襄王，至齊國遊說齊宣王，往楚國遊說楚威王。

　　諸侯都贊同蘇秦的計畫，於是六國達成聯合的盟約，蘇秦為縱約長，並佩有六國相印，在當時聲望如日中天。

【旁注】

竹簡：中國戰國至魏晉時代的書寫材料。是削製成的狹長竹片，也有木片，竹片稱簡，木片稱劄或牘，統稱為簡，現在一般說竹簡，均用毛筆墨書。在中國湖南長沙、湖北荊州、山東臨沂和西北地方如敦煌、居延、武威等地都有過重要發現，其中居延出土過編綴成冊的東漢文書。

蝌蚪文：也叫「蝌蚪書」、「蝌蚪篆」，是在於筆劃起止，皆以尖鋒來書寫，其特色也是頭粗尾細，名稱是漢代以後才出現的，在唐代以後便少見到，在浙江仙居縣淡竹鄉境內發現。是指先秦時期的古文。這些文字都屬於古文。古文是上古時代的文字，也是古代人民陸續造出的文字的總稱。

指南針：是中國一種判別方位的簡單儀器，又稱指北針。其前身是中國古代「四大發明」之一的司南。主要組成部分是一根裝在軸上可以自由轉動的磁鍼，磁鍼在地磁場作用下能保持在磁子午線的切線方向上，磁鍼的北極指向地理的北極，利用這一性能可以辨別方向。常用於航海、大地測量、旅行及軍事等方面。

三晉：中國戰國時的趙、魏、韓三國的合稱。趙、韓、魏三氏原為晉國六卿，西元前403年，周天子承認三家為諸侯，史稱「三家分晉」，因此，在《戰國策》、《史記》、《資治通鑑》

等書中，將趙、魏、韓三國合稱為三晉。

《太公陰符》屬道家一派之書，又叫《太公陰符經》，傳說為西周時期姜太公留下的，據說蘇秦為讀這本書而用鐵錐刺股。另據傳說，姜太公有一次遇到緊急軍情，遂將自己的釣魚竿折成數節，交信使送與周文王，請求發兵。事後，姜太公將魚竿傳信的辦法加以改進，便發明了「陰符」。

【閱讀連結】

戰國時期，蘇秦和張儀是好朋友，也都是鬼谷子的門下。蘇秦出道較早，成功也來得順利，而張儀初出道時較為普通，鬱鬱不得志，不知前途如何，他看到蘇秦已成大事，便想投身門下，找到一條晉升的捷徑。結果蘇秦不但沒有熱情地款待昔日的同門，還用話語去羞辱他。於是，張儀憤怒地離開了蘇秦的住處。張儀走後，蘇秦又暗中派人沿途用金錢接濟他。

蘇秦的門人們很奇怪，蘇秦說：「張儀的才幹在我之上，我怕他為了貪圖一時的眼前小利，過分安於現狀而喪失了鬥志。所以，我侮辱了他一番，以便激起他的上進心。」

呂不韋與劉安：雜家的包容與博采眾長

那是在戰國末期，有個叫呂不韋的大商人，是衛國濮陽人。他常年往來各地，以低價買進，高價賣出，積累了千金的家產。

後來，呂不韋被秦莊襄王任命為丞相，封為文信侯，將河南洛陽 10 萬戶作為他的食邑。秦莊襄王去世去，太子趙政繼立為王，尊奉呂不韋為相邦，稱他為「仲父」。

當時的社會風氣是，名士所養門客人數越多，越能表示名士的聲譽高。呂不韋認為，自己身為強秦相國，也應該招賢納士。於是，他對前來跟隨的門客禮遇有加，給予厚待，最後竟聚集了 3,000 門客。

當時各國名士常以所養賓客能著書立說為榮，呂不韋不甘人後，令命門凡能撰文者，每人把自己所聞所見和感想都寫出來。等到文章交上來後，五花八門，寫什麼的都有，古往今來、上下四方、天地萬物、興廢治亂、士農工商、三教九流，全都有所論及，許多文章還有重複。呂不韋又挑選幾位文章高

思想交鋒：諸子百家的繁榮與影響

手對這些文章進行篩選、歸類、刪定，綜合在一起，於秦始皇統一前夕成書。呂不韋自己認為其中包括了天地萬物古往今來的事理，所以號稱《呂氏春秋》。

《呂氏春秋》也稱《呂覽》，是一部雜家名著。全書共分12卷，160篇，20餘萬字。它注重博采眾家學說，以儒家、道家思想為主，並融合進墨家、法家、兵家、農家、縱橫家、陰陽家等各家思想。

《呂氏春秋》保存著先秦各家各派的不同學說，還記載了不少古史舊聞、古人遺語、古籍佚文及一些古代科學知識，其中不少內容是其他書中所沒有的。

在先秦諸子著作中，《呂氏春秋》被列為雜家，其實，這個「雜」不是雜亂無章，而是兼收並蓄，博采眾家之長，用自己的思想將其貫穿，結合起來。

這部書以黃老思想為中心，「兼儒墨，合名法」，提倡在君主集權下實行無為而治，順其自然，無為而無不為。用這一思想治理國家對於緩和社會矛盾，使百姓獲得休養生息，恢復經濟發展非常有利。

呂不韋編著的《呂氏春秋》，既是他的治國綱領，又給即將親政的秦王嬴政提供了執政的借鑑。《呂氏春秋》成為了解戰國諸子思想的重要資料。

呂不韋與劉安：雜家的包容與博采眾長

在中國古代雜家及其著作中，西漢淮南王劉安和他主持門客所著的《淮南子》，也在歷史上占有重要地位。

劉安是漢高祖劉邦嫡孫，他才思敏捷，好讀書，善文辭，樂於鼓琴。他被封為淮南王后，潛心治國安邦，劉安的治國思想是「無為而制」，對道家思想加以改進，不循先法，不守舊章，遵循自然規律制定了一系列輕刑薄賦、鼓勵生產的政策，善用人才，體恤百姓，使淮南出現了國泰民安的景象。

除了潛心治國外，喜歡讀書的劉安還愛賢若渴，禮賢下士，並「招至賓客方術之士數千人」著書立說，當時淮南國都壽春很快便成了文人薈萃的文化中心。在劉安的主持下，眾門客遂著成《淮南子》。

據說，劉安為人好道，欲求長生不老之術，因此不惜重金，廣泛招請江湖方術之士煉丹修身。一天有8個白髮蒼蒼的老者登門求見，門吏見是8個老者，認為他們不會什麼長生不老之術，不予通報。八公見此哈哈大笑，遂變化成8個梳著角髻式髮髻、面如桃花的少年。門吏大驚，急忙稟告淮南王。劉安一聽，顧不上穿鞋，赤腳相迎。八公又變回老者。

恭請八公入內上坐後，劉安拜問他們姓名。原來是文五常、武七德、枝百英、壽千齡、葉萬椿、鳴九皋、修三田、岑一峰。八公一一介紹了自己的本領：畫地為河、撮土成山、擺布

蛟龍、驅使鬼神、來去無蹤、千變萬化、呼風喚雨、點石成金等。劉安看罷大喜，立刻拜八公為師，一同在都城北門外的山中苦心修煉長生不老仙丹。

當時淮南一帶盛產優質大豆，這裡的山民自古就有用山上珍珠泉水磨出的豆漿作為飲料的習慣，劉安入鄉隨俗，每天早晨也總愛喝上一碗。

一天，劉安端著一碗豆漿，在爐旁看煉丹出神，竟忘了手中端著的豆漿碗，手一撒，豆漿潑到了爐旁供煉丹的一小塊石膏上。不多時，那塊石膏不見了，液體的豆漿卻變成了一攤白生生、嫩嘟嘟的東西。

八公中的修三田大膽地嘗了嘗，覺得很是美味可口。於是，劉安就讓人把沒喝完的豆漿全部端來，把石膏碾碎攪拌到豆漿裡，不一會兒，又結出了一鍋白生生、嫩嘟嘟的東西。劉安連呼「離奇、離奇」，人們便把這白生生、嫩嘟嘟的東西稱著「離奇」或「黎祁」，即後來的八公山豆腐。

後來，仙丹煉成，劉安依八公所言，登山大祭，埋金地中，白日升天，有的雞犬舔食了煉丹爐中剩餘的丹藥，也都跟著升天而去，這就是「一人得道，雞犬升天」神話的由來。

《淮南子》又名《淮南鴻烈》、《劉安子》，是雜家著作。有〈內篇〉21篇、〈外篇〉33篇，20餘萬字。內篇論道，外篇雜

說。此外還有詩歌和賦等，包括〈淮南王賦〉82篇、〈群臣賦〉44篇、〈淮南歌詩〉4篇，以及〈淮南雜星子〉19卷、〈淮南萬畢術〉。

《淮南子》全書內容龐雜，涉及政治學、思想、倫理學、史學、文學、經濟學、物理、化學、天文、地理、農業水利、醫學養生等領域，包羅萬象。

《淮南子》在繼承先秦道家思想的基礎上，糅合儒、法、陰陽五行等多家思想，同時還包含和保留了許多自然科學史的材料，對後世研究秦漢時期文化達到了不可替代的作用。

【旁注】

食邑：中國古代諸侯封賜所屬卿、大夫作為世祿的田邑。又稱采邑、采地、封地。因中國之卿、大夫世代以采邑為食祿，故稱為食邑。盛行於周。分封以宗法制度為依據，大小按封爵等級而定。卿、大夫在食邑內享有統治權利並對諸侯承擔義務。食邑原為世襲。

淮南王：中國古代王爵封號名，以此命名的人物有：漢代的英布、劉安、劉長、劉喜；魏晉南北朝時期的曹邕、司馬允、劉沖、石昭、符生、劉諱、劉子孟、直勒它、高仁光、陳叔彪、托跋他、托跋世遵、托跋宣洪；隋唐時期的李

鍔、李茂等。

髮髻：是將頭髮歸攏在一起，於頭頂、頭側或腦後盤繞成髻。盤髻成椎狀者，又稱「錐髻」、成螺絲形的稱「螺髻」、盤髻較小的稱「髻」。中國古代髮式種類繁多，其中流行最為久遠，也最為普遍的要算「披髮」、「辮髮」和「盤髮」了。直至現代，這三種髮式，仍頗為流行。

煉丹：道教主要道術之一，是近代化學物理前驅。為煉製外丹與內丹的統稱。外丹術源於先秦神仙方術，是在丹爐中燒煉礦物以製造「仙丹」。其後將人體擬作爐鼎，用以習煉精氣神，稱為內丹術。中國歷史上著名的煉丹家有：東晉道教學者葛洪，南朝梁煉丹家陶弘景，唐代「藥王」孫思邈。

八公山：位於安徽淮南與壽縣古城交界處，是著名的文化聖地，漢文化重鎮。這裡是漢代淮南王劉安的主要活動地，當時曾集中了大量國內一流知識份子，博大精深的《淮南子》也是在這裡誕生的。豆腐的發源地，公認淮南王劉安及八公為豆腐發明人。

賦：是由楚辭衍化出來的，也繼承了《詩經》諷刺的傳統。起於戰國，盛於兩漢。詩和賦的區別在於，詩是用來抒發主觀感情的，要寫得華麗而細膩；賦是用來描繪客觀事物的，要寫得爽朗而通暢。但詩也要描寫事物，賦也有抒發感情的成分。

呂不韋與劉安：雜家的包容與博采眾長

【閱讀連結】

　　呂不韋對《呂氏春秋》十分看重，他自己認為這部號稱《呂氏春秋》的書是傑作，誇口說該書是包攬了「天地、萬物、古今」的奇書。為了精益求精，同時也是為擴大影響，呂不韋還想出一個絕妙的宣傳該書的辦法，他請人把全書謄抄整齊，懸掛在咸陽的城門，聲稱如果有誰能改動一字，即賞給千金。

　　消息傳開後，人們蜂擁前去，包括諸侯各國的游士賓客在內，卻沒有一個人能對書上文字加以改動。如此以來，《呂氏春秋》和呂不韋的大名遠播東方諸國。

許行與農家學派：勞動與理想社會的探索

那還是戰國時期，有個研究神農學說的人叫許行，楚國人，生於楚宣王至楚懷王時期，是當時著名的農學家和思想家，被尊稱為許子。

許子依託遠古神農氏「教民農耕」之言，主張天下人都參加生產勞動，終年帶領門徒數十人，穿粗麻短衣，在江漢間打草織席為生。

一天，許子聽說滕國的國君滕文公實行仁政，就帶著門人從楚國到滕國，走到滕文公門前稟告：「不求高官厚祿，僅希望得到一片土地，一間房屋，定居下來，從事耕種。」於是，滕文公就給了他住所。

儒家學派著名學者陳良的門徒陳相，和他的弟弟陳辛，也背著耒耜從宋國到滕國，對滕文公說：「聽說您實行先代聖君所宣導和實行的治天下之道，這也算是聖人了，我們願意做聖人的臣民。」

許行與農家學派：勞動與理想社會的探索

　　陳相見了許了後，非常認同許子的思想，就把原來從陳良那兒所學的儒家那一套思想全拋棄，轉而接受了許子的農家思想。

　　一天，陳相見到儒家「亞聖」孟子，轉述許子的話說：「滕國國君確實是個賢明的君主，但他沒有和人民一起耕作養活自己，一面自己做飯吃，一面治理天下。滕國有倉廩府庫，這是滕國國君坑害百姓來養活自己，哪能稱得上賢明呢？」

　　孟子就問陳相，許子吃的糧食是不是一定要自己種，陳相說是。孟子又問許子的農具及生活用品是如何解決的，陳相說都是許子用生產的糧食換來的。孟子又問為什麼，陳相說許子怕自己生產這些耽誤耕種。

　　聽到這裡，孟子說：「用糧食換農具、炊具，陶匠、鐵匠也拿他們的農具、炊具換糧食，這種做法難道就是坑害農夫了嗎？一個人自身的生活，各種工匠製造的東西，樣樣都得具備，如果各種東西一定要自己製造出來才使用它們，就等於疲於奔命。有的人使用腦力，有的人使用體力。勞心的管理人，勞力的人被人管理；被管理的人得養活別人，管理別人的人也要由人來養活，這是天下普遍的原則。」

　　這是中國歷史上一場有名的「農」、「儒」論戰。孟子說明社會分工的必要是對的，但他把勞心與勞力看成是合理的社會分工，這就為歷代的當權者永遠管理勞動者提供了理論根據。

思想交鋒：諸子百家的繁榮與影響

其實，許子宣導神農之說，並非偶然。農家學派產生在楚國，當然也是有其歷史淵源和深刻的社會背景的。

首先，當時在江漢流域，神農之說早已流傳。由於炎帝、黃帝的思想在歷史進程中相互融合，「君民並耕」、「市賈不二」，已成為傳統德政和理想社會的準則而被廣泛地傳播和美化。其次，楚國先祖「篳路藍縷，以啟山林」的奮鬥歷程，給了許子深刻的印象。

在這樣的背景之下，許子承繼神農氏學說與傳統社會理想，就是很自然的事了。所以他說：

賢者與民並耕而食，饔飧而治。

意思是說，賢德的國君應該要和百姓一同耕種獲得自己的糧食，自己做早晚餐並處理國事。

許子認為，如果世界上所有的聖人君主都能與百姓一起親自勞動，就可不用刑罰政令而成治世。由此可見，許子的農家思想的核心是反對不勞而食。他否定君主擁有倉廩、府庫的物權，對滕文公占有倉廩府庫來坑害百姓的做法持反對態度。

許子認為，農業是保障百姓生存的基本手段。國家以百姓為根，百姓以穀為命。如果百姓無穀，國家就會失去根基，因此，必須將發展農業生產擺在重要的位置。而珠、玉、金、銀之類既不能當飯吃，也不能當衣穿，對於處於飢寒之中的百姓

來說毫無價值。

事實上，許子和門徒在以農事為主業的同時，也從事手工業生產，並且了解到市場貨物交換的重要作用，因為假如一切自製，將「害於耕」。

許子在價格問題上也有較深刻的見解。他主張依據產品的長短、輕重、多寡、大小等數量、品質規定相應的價格，使市場無欺，因而反對商人抬高物價和交換中的欺詐行為。

許子主張重農抑商，並不是否定工商活動存在的價值，而是要求從國家意志的高度來縮小和控制工商活動的範圍，使其不會成為農事活動的障礙。

許子事蹟在先秦史籍中未見記載，其主要言行在《孟子‧滕文公》等著作有一些記述。史學家認為，《漢書‧藝文志》載錄〈神農〉20篇是許子的著述，但已佚。

許子的思想，反映了戰國時期貧苦農民的利益和要求，是小農經濟平均主義的反映，集中顯現了勞動農民自食其力的淳樸本色，表達了解除現實壓迫的強烈願望，充滿對想像中平均社會的美好憧憬。

在先秦時期眾多學術思想和流派中，農家以其獨到思想見解和實踐活動，自成一家，流傳久遠。許子以獨到的農家思想見解和實踐活動，對中國千百年來的農業社會和農業思想模式產生了巨大的影響。

思想交鋒：諸子百家的繁榮與影響

【旁注】

　　滕國：中國古國國名，一般指中國歷史上春秋戰國時期的一個諸侯國，國君為姬姓；還有上古黃帝和於西漢的同名封國。西元前1046年立國，西元前414年被越王朱勾所滅，不久復國。後又被宋滅掉，共傳23世。始封祖是周文王之子錯叔繡。

　　耒耜：中國古代的一種翻土農具，是犁的前身。《易經‧繫辭》說，神農「斫木為耜，揉木為耒，耒耜之利，以教天下。」耒是耒耜的柄，耜是耒耜下端的起土部分。耒是一根尖頭木棍加上一段短橫梁。使用時把尖頭插入土壤，然後用腳踩橫梁使木棍深入，然後翻出。

　　德政：指有益於人民的政治措施和政績。黃帝被孔子認為是德政的典型，孔子的以政為德思想強調，君主以禮樂作為行為依據，為政以德，對全社會開展倫理修養教育具有重要意義。在孔子看來，「德」是社會共同遵守倫理規範，而君主守德更有意義。

　　聖人：是指被大多數人所認為的具有特別的美德和神聖的人得稱呼。在中國古代比較有名望的君王，以及道德品格高尚、儒學造詣高深的人，被稱作聖人。聖人的界定經常出現在諸子百家的書籍中來。有的宗教專門透過一定的儀式來加封聖

人，但也有的聖人直接被人眾尊奉為聖人。

小農經濟：生產方式的一種，透過精耕細作、男耕女織，達到自給自足。小農經濟並不完全等同於自然經濟，小農經濟強調以家庭為生產生活單位，而自然經濟主要與商品經濟相對。小農經濟產生於春秋戰國時期鐵犁牛耕的背景下，而自然經濟早在原始社會就產生了。

【閱讀連結】

許行有弟子幾十人，他們生活極為簡樸，穿著普通的粗布衣服，靠打草鞋、編席子為生。他們從楚國來到滕國，不是追求高官厚祿，而是希望得到一塊土地、一間房子，以便定居下來從事耕種。許行的主張在當時社會上有一定的影響，以至使儒家的門徒陳相及其弟陳辛也拋棄儒家而拜許子為師。

許行代表著當時一股相當大的社會勢力，以至於引起大儒孟子的極大關注，這從孟子在「農」、「儒」論戰中對許行的攻擊就可以看出。

思想交鋒：諸子百家的繁榮與影響

孫武與《孫子兵法》：兵家的戰爭智慧

那是在中國春秋時期，約西元前545年，齊國一個祖輩精通軍事的世襲貴族家庭裡添了一個男孩。男孩祖父祖父孫書和父親孫憑同在朝中為官，聽說家中喜添男丁，就在孩子出生的當天晚上，高興地一齊趕回家中。

全家上下都沉浸在無比喜悅的氛圍之中。孫書望著襁褓中的孫兒，真希望他快快長大，繼承和發揚將門武業，報效國家。

孫書決定給孫兒取名為「武」，孫憑完全贊同。武的字形由「止」、「戈」兩字組成，能止戈才是武。古兵書上說「武有七德」，即武力可以用來禁止強暴，消滅戰爭，保持強大，鞏固功業，安定百姓，協和大眾和豐富財物。孫書還替孫兒取了個字，叫「長卿」。

「卿」在當時為朝中的大官，與大夫同列。孫書為齊大夫，孫憑為齊卿。他們希望孫兒將來也能像他們一樣，在朝中為官，成為國家棟梁。

事情果真像他們所希望的那樣，隨著孫武的長大，逐漸顯

現出對軍事的愛好和特有的天賦。也許是自幼受到將門家庭的薰陶,孫武自幼聰慧睿智,機敏過人,勤奮好學,善於思考,富有創新的見解,而且特別尚武。每當祖父、父親自朝中回到家裡,孫武總纏著他們,讓他們講故事給他聽。

孫武特別喜歡聽打仗的故事,而且百聽不厭。時間一長,在一旁侍候孫武的奴僕、家丁也都學會了。於是,當祖父和父親不在家時,孫武就纏著他們講給他聽。

除了聽故事,孫武還有一個最大的愛好就是看書,尤其是兵書。孫家是一個祖祖輩輩都精通軍事的貴族世家,家中收藏的兵書非常多。孫武喜歡爬上閣樓,把寫滿字的竹簡拿下來翻看,有不明白的問題就請教家聘的老師,甚至直接找祖父、父親問個明白。

有一次,孫武讀到「國之大事,在祀與戎」,他就跑去問老師:「先生,祀是什麼?戎是什麼?」

老師想今天孫武問的問題倒是簡單,於是隨口說:「祀是祭祀,戎是兵戎。」

孫武接著問:「祭祀是一種精神上的寄託,怎麼能和兵戎相提並論為國家的大事呢?」

老師頓覺奇異,一時答不出來。

孫武接著說:「只有兵,才是國家的大事,是君臣不可不

171

察的大事。」

孫武在私塾讀書時，在所有的課程中，孫武最感興趣的是「六藝」中的「射」和「御」。在「射」、「御」的第一節課上，老師先給學生講解了「射」、「御」的基本內容及學習「射」、「御」的意義。「射」和「御」既是戰場拚殺的基本技能，也是齊國社會競技活動的主要項目。

孫武18歲那年，他生活的齊國內部矛盾重重，危機四伏，權力階層發生爭鬥，愈演愈烈。孫武對這種內部鬥爭極其反感，不願糾纏其中，萌發了遠奔他鄉、另謀出路去施展自己才能的念頭。

當時南方有個吳國，吳國自壽夢稱王以來，國勢強盛，積極準備伐楚，擴大勢力，很有新興氣象。孫武認定吳國是他理想的施展才能和實現抱負的地方。

孫武到了吳國後，被吳國大夫伍子胥引薦給吳王闔閭，孫武帶著剛寫就的13篇兵法進見吳王。吳王將這13篇兵法一一看罷後，嘖嘖稱好，拜孫武為元帥兼軍師，執掌吳國軍事。

在伍子胥和孫武的治理下，吳國的內政和軍事都大有起色。吳王極為倚重二人，把他們兩人視為左臂右膀。

西元前506年，吳國攻楚的條件已經成熟，孫武與伍子胥制定了戰略構想：大軍首先進行戰略奔襲，深入楚國腹地，然

後直搗楚國都城郢。為此,孫武為闔閭制定了一條出乎楚國意料的進軍路線,從著名的義陽三關,即武陽關、九裡關、平靖關,直插漢水。

吳軍按照這一進軍路線,順利地達到漢水,進抵楚國腹地。楚軍沿漢水組織防禦,同吳軍隔水對陣。由於楚軍主帥令尹子擅自改變預定的夾擊吳軍的作戰計畫,單獨率軍渡過漢水進攻吳軍,結果在「柏舉之戰」中大敗。吳軍乘勝追擊,5 戰 5 勝,佔領了楚的國都郢城。

闔閭去世後,其子夫差繼位。隨著吳國霸業的蒸蒸日上,夫差漸漸自以為是,不再像以前那樣勵精圖治,對孫武、伍子胥這些功臣不再那麼重視,反而重用奸臣伯嚭。

孫武的心完全冷了,他意識到吳國已經不可救藥。同時也深知「飛鳥盡,良弓藏;狡兔死,走狗烹」的道理,於是他便悄然歸隱,息影深山。他根據自己訓練軍隊、指揮作戰的經驗,修訂其兵法 13 篇,使其更臻完善,最後完成了《孫子兵法》一書。

《孫子兵法》又稱《孫武兵法》、《吳孫子兵法》、《孫子兵書》、《孫武兵書》等。《孫子兵法》13 篇的內容,體現了孫武的戰略戰術思想,是先秦兵家的代表著作。

第一篇〈始計〉,講的是廟算,即出兵前在廟堂上比較敵

我的各種條件，估算戰事勝負的可能性，並制定作戰計畫。作為《孫子兵法》的首篇，在一定程度可以視為孫子卓越軍事思想的高度濃縮和精闢概括，它從宏觀上對決定戰爭勝負的政治、軍事等各項基本條件進行比較、分析和研究，並對戰爭的發展進程和最終結局進行預測，尤其強調用兵前的周密謀劃對戰爭勝負的決定作用。

第二篇〈作戰〉，講的是廟算後的戰爭動員及取用於敵，勝敵益強。本篇著重分析了戰爭與經濟的關係，戰爭依賴於經濟，但會對經濟造成一定程度的破壞。

第三篇〈謀攻〉，講的是以智謀攻城，即不專用武力，而是採用各種手段使守敵投降。

第四篇〈軍形〉，講的是具有客觀、穩定、易見等性質的因素，如戰鬥力的強弱、戰爭的物資準備。

第五篇〈兵勢〉，講的是指主觀、易變、帶有偶然性的因素，如兵力的配置、士氣的勇怯。

第六篇〈虛實〉，講的是如何透過分散集結、包圍迂回，造成預定會戰地點上的我強敵劣，以多勝少。

第七篇〈軍爭〉，講的是如何「以迂為直」、「以患為利」，奪取會戰的先機之利。

第八篇〈九變〉，講的是將軍根據不同情況採取不同的戰

略戰術。

第九篇〈行軍〉，講的是如何在行軍中宿營和觀察敵情。

第十篇〈地形〉，講的是 6 種不同的作戰地形及相應的戰術要求。

第十一篇〈九地〉，講的是依「主客」形勢和深入敵方的程度等劃分的 9 種作戰環境及相應的戰術要求。

第十二篇〈火攻〉，講的是以火助攻與「慎戰」思想。

第十三篇〈用間〉，講的是 5 種軍事間諜的配合使用。

《孫子兵法》內容博大精深，思想精邃富贍，邏輯縝密嚴謹，是古代漢族軍事思想的集中表現。它在中國古代軍事學術和戰爭實踐中，都表現出極其重要的作用。

《孫子兵法》是漢族古典軍事文化遺產中的璀璨瑰寶，是中國傳統文化的重要組成部分。《孫子兵法》也是世界上第一部軍事著作，歷來備受推崇，被譽為「兵學盛典」和「古代第一兵書」。

【旁注】

卿：古代高級官名，有「三公九卿」之稱。卿也稱「上大夫」，漢時乙太常、光祿勳、衛尉、太僕、廷尉、大鴻臚、宗正、大司農、少府為九卿，都是當時的高官，他們分掌具體的

行政事務,如祭祀、禮儀、軍事、行政、司法、文化教育等,屬於中國古代傳統官職的重要部分。

祭祀:中國傳統禮典的一部分,更是儒教禮儀中最重要的部分。其對象主要分為 3 類:天神、地祇、人鬼。天神稱「祀」,地祇稱「祭」,宗廟稱「享」。祭祀的法則詳細記載於儒教聖經《周禮》、《禮記》中,並有《禮記·正義》、《大學衍義補》等經書進行解釋。

伍子胥(西元前 559 年~前 484 年):春秋末期吳國大夫、軍事家,名員,字子胥,本楚國椒邑人。伍子胥從楚國逃到吳國,成為吳王闔閭重臣。吳國倚重伍子胥等人之謀,西破強楚、北敗徐、魯、齊,成為諸侯一霸。

柏舉之戰:是西元前 506 年發生的吳國和楚國的一場戰役。當時吳王闔閭率領的 3 萬吳國軍隊深入楚地,在柏舉與楚軍 20 萬主力會戰。吳軍因敵用兵,尋機決戰,最後取勝。此戰是春秋末期一次規模宏大、影響深遠的大戰。它是中國古代軍事史上以少勝多、快速取勝的成功戰例。戰後吳國聲威大振,為爭霸中原奠定了堅實的基礎。

戰略:軍事戰術術語,泛指指導或決定全域的策略和作戰具體部署和克敵制勝的謀略。戰略,是指導戰爭全域的計畫和策略。包含方針、任務、方向和主要作戰形式的確定,戰略情

報、通信、指揮系統的建設等。戰術,是指導戰鬥的原則和方法。主要包括戰鬥的基本原則、戰鬥的方法和戰鬥的組織實施。

軍事間諜:即為運用各種方式偵查目標國家軍事機密,將情報內容回報委派國家的特殊職業人員。委派國憑藉這些政治、軍事、經濟、科技等機密情報,制定相應的方針、政策、作戰計畫。軍事間諜足以操控軍事勝敗,甚至能影響國家安全。

【閱讀連結】

孫武初到吳國時,常給吳王講解戰術兵法,不過吳王並不盲從,聽不明白的地方,常常和孫武抬扛。比如孫武認為傑出的指揮者可以將嬌小的女子訓練得像兵士一樣堅強勇猛,吳王則認為這不可能。孫武就請求讓宮女、妃子來試一試。吳王想看看孫武究竟有沒有能耐,就答應了孫武的要求,把100多名宮女、妃子交給孫武訓練。

後來,吳王見那些弱不禁風的宮女經過孫武訓練後,果然英姿勃勃,對孫武不僅信任,而且更加的佩服了。

思想交鋒：諸子百家的繁榮與影響

扁鵲與《難經》：醫家學派的診斷智慧

那還是在中國春秋戰國時期，西元前 407 年，盧國一個姬姓秦氏的普通百姓家裡又添了一個男孩，取名為秦越人。

秦越人少年時期在故里做過舍長，即旅店的主人。當時在他的旅舍裡有一位長住的旅客叫長桑君，秦越人跟長桑君過往甚密，感情融洽。長期交往以後，有一天長桑君對秦越人說：「我掌握著一些祕方驗方，可是我已經年老，我想把這些醫術及祕方傳授予你，你要保守祕密，不可外傳。」

秦越人當即拜長桑君為師，虛心跟著長桑君學習醫術。經過刻苦努力，秦越人最後繼承了長桑君的醫術，成為了一代名醫。

秦越人成名後，就把累積的醫療經驗，用於平民百姓。他周遊列國，到各地行醫，為民解除痛苦。

由於秦越人的醫術高超，時人認為他是「神醫」，還借用上古神話時代的神醫「扁鵲」的名號來稱呼他。

據當時的人們傳說，上古軒轅時有個醫術精湛的名醫，被人

們稱為扁鵲。而秦越人的醫術高明、學識淵博，走南闖北、治病救人，走到哪裡，就將安康和快樂帶到哪裡，好比是帶來喜訊的喜鵲。於是，秦越人就順理成章地也被人們尊稱為「扁鵲」。

扁鵲雲遊各國，為君侯看病，也為百姓除疾，名揚天下。他的技術十分全面，無所不通。扁鵲在魏國時，魏王曾求教於他：「你們家兄弟三人，都精於醫術，誰是醫術最好的呢？」

扁鵲：「大哥最好，二哥差些，我是三人中最差的一個。」

魏王不解地說：「請你介紹詳細些吧。」

扁鵲解釋說：「我大哥給人治病，是在病人病情沒發作之前，就提前下藥把病人的病根給剷除了，而這個時候，病人並沒意識到自己有病，所以，我大哥的醫術難以被人認可，也沒有名氣，只是在我們家裡被推崇備至。我二哥替人治病，是治在病人病初起之時，那時病人的症狀尚不十分明顯，病人也沒有覺得痛苦，我二哥就能藥到病除，所以鄉里人都認為我二哥只能治小病。我替人治病，往往都是在病人病情十分嚴重的時候，這時病人痛苦萬分，病人家屬心急如焚。他們看到我在病人經脈上穿刺，用針放血，或在患處敷以毒藥以毒攻毒，或動大手術直指病灶，使重病人病情得到緩解或很快治癒，就以為我醫術很高，便四處為我揚名，使我名聞天下。」魏王聽後大悟。

思想交鋒：諸子百家的繁榮與影響

扁鵲生活的年代，正是生產力迅速發展和社會發生著激烈變革、動盪時期，也是人才流動，人才輩出的時代，各國都在競爭人才，形成了招納賢士的社會風尚。

當時的秦國因地處西陲，一直被中原諸侯輕視。為了改變這種狀況，秦國的幾位先公先王，都非常重視從東方各國招徠人才，採取了兼收並取之法，為各類人才創造了一個各顯其能的用武之地。

除重視治理國家的人才外，秦國對醫生也很尊重。秦國給予醫生極好的待遇，所以各國名醫紛紛來到秦國。在這種情況下扁鵲也來到秦國。

有一天，秦武王與武士們進行舉鼎比賽，不覺傷了腰部、疼痛難忍，吃了太醫李醯的藥，也不見好轉，並且更加嚴重。有人將「神醫」扁鵲已來到秦國的事告訴了武王，武王便傳令讓扁鵲入宮。

扁鵲看了秦武王的神態，按了按他的脈搏，用力在他的腰間推拿了幾下，又讓秦武王自己活動幾下，秦武王立刻感覺好了許多。接著扁鵲又讓秦武王服了一劑湯藥，其病狀馬上就完全消失了。

扁鵲有豐富的醫療經驗，在總結前人經驗的基礎上，創立望、聞、問、切「四診法」。這一方法在臨床應用時，收到了

顯著效果。

除了醫術高明外，扁鵲的品格也非常高尚，他看病行醫有「六不治」原則：一是依仗權勢，驕橫跋扈的人不治；二是貪圖錢財，不顧性命的人不治；三是暴飲暴食，飲食無常的人不治；四是病深不早求醫的不治；五是身體虛弱不能服藥的不治；六是相信巫術不相信醫道的不治。

相傳有名的中醫典籍《難經》為扁鵲所著。扁鵲奠定了中醫學的切脈診斷方法，開啟了中醫學的先河。作為中國傳統醫學的鼻祖，扁鵲對中國中醫藥學的發展有著特殊的貢獻。

【旁注】

盧國：春秋時期一小國。其遺址在今山東濟南長清區一帶。盧國是全世界所有盧姓人氏的發祥地。春秋之時，齊桓公併國拓地，將盧擴為齊國版圖，並將其賜封給姜尚的13代孫齊國王卿高溪作采邑。高溪得盧，其後代遂以封地為氏，於是盧氏從姜姓部落集團中分裂而生，後獨為一支繁衍生息。

神話時代：世界上所有最古老文明的歷史，都是以神話作為起源和開端的。中國的神話時代，以盤古開天闢地為肇始。盤古之後陸續出現了有巢氏、燧人氏、伏羲氏、女媧氏和神農氏這五氏應運而生。中國的農業社會始於神農氏。神農氏時，

思想交鋒：諸子百家的繁榮與影響

中國神話時代終結，傳說時代開始。

中原：是指以河南為核心延及黃河中下游的廣大地區，這一地區是中華文明的發源地，被古代華夏民族視為天下中心，長居中國政治、經濟、文化、交通的中心。古人常將「中國」、「中土」、「中州」和「中土」用作中原的同義語。一般認為，中原地區在黃河中下游流域，是古代華夏族的發源地。

四診法：是其國戰國時期的名醫扁鵲根據民間流傳的經驗和他自己多年的醫療經驗，總結出來的診斷疾病的4種基本方法，即望診、聞診、問診和切診，總稱「四診」，古稱「診法」。它自創立以來，得到了不斷的發展和完善，是中國傳統醫學文化的瑰寶。

《難經》中醫理論著作。原名《黃帝八十一難經》，傳說為戰國時扁鵲所作。本書以問答解釋疑難的形式編撰而成，共討論了81個問題，故又稱《八十一難》，全書所述以基礎理論為主，還分析了一些病證。其中包括脈學、經絡、臟腑、疾病，以及腧穴和針法。

【閱讀連結】

據說扁鵲做客館主管時，他的老師長桑君有一天拿出一副藥給他說：「用草木上的露水送服這種藥，30天後你就能知曉

許多事情。」隨後，長桑君又拿出全部祕方交給扁鵲。正當扁鵲看這些祕方時，長桑君忽然就不見了，扁鵲心想長桑君大概不是凡人。

　　扁鵲按照長桑君說的方法服藥，30 天後，他就能看見牆另一邊的人。扁鵲有了這個特殊功能後，在診視別人的疾病時，雖然表面上是在為病人切脈，實際上他已經看清了病人五臟內所有的病症。這個傳說，其實表達了人們對扁鵲醫術高明的讚譽。

思想交鋒：諸子百家的繁榮與影響

慧能與《肇論》：禪宗六祖的心性哲學

那還是中國東晉時期，古稱長安一個張姓的貧苦人家中，誕生了一個男孩。這個男孩少年時生計艱難，靠代人抄書度日，他在抄書的過程中，閱讀了大量的經史典籍，並深受影響。

男孩對當時流行的《老子》、《莊子》兩書特別感興趣，認為這兩本書是思想上追求玄微境界的重要的引路書，但又總感到這兩本書不夠盡善盡美。

男孩長大後，有一天他讀了三國時吳國的佛經翻譯家支謙翻譯的宣揚大乘佛教信仰的《維摩詰經》後，非常喜歡，認為終於找到了精神解脫的最好意向。於是，這個有才的青年人便皈依了佛門，法號僧肇。佛教典籍《高僧傳‧僧肇傳》中記載這件事時說：

歡喜頂受，披尋玩味，乃言始知所歸矣。因此出家。

僧肇成為佛教僧侶以後，「學善《方等》，兼通三藏。」深入研究佛教大乘經籍，通曉經、律、論 3 類佛教經典。在 20 歲時，他已經是名振潼關以西長安一帶的知名佛教理論家了。

在當時，思想界、佛教界爭論十分激烈，有的人竟千里負糧前來和僧肇抗辯，長安的「宿儒」和關外的「英彥」，都敵不過僧肇的犀利辯鋒。

正當僧肇在佛教界顯現才能、嶄露頭角的時候，天竺高僧鳩摩羅什來到了位於河西走廊的姑臧。於是，僧肇便千里迢迢，奔赴姑臧去拜鳩摩羅什為師，跟從受學，不遺餘力，深得鳩摩羅什賞識。

後秦皇帝姚興於西元401年派人將鳩摩羅什迎至長安，僧肇也隨同前來。此後10多年間，姚興大力支持鳩摩羅什從事佛經翻譯，並命僧肇等人協助。

在鳩摩羅什主持下，僧肇和其他參加聽講的道友共800多人，譯出佛教各種經論74部，384卷。鳩摩羅什主持翻譯是一邊講解，一邊翻譯。有時僧肇就把鳩摩羅什的講解加以整理，作為註釋。

僧肇自出家後，通達當時的大乘方等經典以及其他佛教典籍，佛學基礎已經相當深厚了，加上長期跟隨鳩摩羅什學習，對鳩摩羅什所傳的大乘般若空宗的理論領會極深，很有心得。

般若空宗教義的根本特徵是認為宇宙的一切存在是性空的，主張用能夠洞照性空的大智去觀照性空之理。按照這種「空觀」，僧肇深刻地意識到，不僅高唱「崇有」的唯物主義是

般若空宗的思想大敵，就是當時佛教內部的小乘思想直至對般若空宗不同理解的各學派，也都是不符合般若空宗的真諦的。

魏晉時期，老莊思想盛行，外來的般若思想因與老莊思想有相似之處，所以許多僧人都是玄學化的佛教學者，他們講般若與老莊一起談，在思想上基本不分彼此。

在當時，學者王弼注《老子》，僧人法汰、道安等談般若，他們屬於一個思想體系，都貴無賤有，而學者郭象、向秀注《莊子》，支遁談般若，也是同一個思想體系，又都貴有賤無。僧肇認為這兩派的主張都是偏執，都不符合佛教的本義。於是，他撰寫論文，有針對性地就佛教的思想理論基礎問題發表重要見解。

僧肇所論述的物件是宇宙間的一切事物，一切現象是否真正存在的問題，即「有」、「無」，「真」、「假」的問題。

僧肇透過對宇宙萬物性空的分析，教人們透過修「智」的宗教實踐，用佛教智慧去洞照性空之理，即直接就萬物的假有看出它的本性空無，從而達到佛教信仰者嚮往的最高境界，求得人生的根本解脫。僧肇以流暢的文字準確地表達了般若空宗的基本思想，為此在社會上產生了重大影響。

僧肇還撰寫了〈物不遷論〉、〈不真空論〉等重要佛學論文。除了這篇論文外，僧肇還寫了〈維摩經注序〉、〈長阿含經

序〉和〈百論序〉3篇序文，之後又撰寫了〈鳩摩羅什法師誄〉。

僧肇的論文是結合老莊的哲理，以〈維摩〉、〈般若〉、〈三論〉為宗，眉緣生無性，立處皆真的道理，暢談體和用、動和靜、有和無等問題。

僧肇去世後，有人將他的〈物不遷論〉、〈不真空論〉、〈般若無知論〉、〈涅槃無名論〉4篇論文合編為一書，取名《肇論》。

在〈物不遷論〉中，僧肇用「物之不遷」證得因果不滅，以因果不滅論說明三世因果的必然性和修行成佛的可能性。〈不真空論〉著重闡述般若性空思想，認為萬事萬物是由因緣合和而成，所以雖無而有，雖有而無，非有非無，總之為「空」。〈般若無知論〉著重論述佛教智慧的無知無相，而又無所不知，洞徹萬物。〈涅槃無名論〉探討的是有關涅槃的深意。

《肇論》是較全面系統發揮佛教般若思想的論文集，在中國佛教史上具有非常崇高的地位。

禪宗發展到唐代，其代表人物是六祖慧能。慧能於唐高宗儀鳳年間到廣州法性寺。當時法性寺印宗法師在寺內講《涅槃經》，一天講「時有風吹幡動」時，問弟子們到底是什麼在動，有的弟子說是風動，有的弟子說是幡動，為此，弟子們爭論不休。這時，惠能說：

思想交鋒：諸子百家的繁榮與影響

不是風動，亦非幡動，仁者心動。

印宗法師聽到竦然若驚，當得知惠能得黃梅弘忍大師的真傳後，馬上拜惠能為師。次年春，惠能離開法性寺，北上南寺開山傳法，前來送行的有 1,000 多人。在南寺，六祖惠能傳教說法長達 37 年之久。

其間，韶州刺史韋璩曾邀請惠能到韶州開元寺即後更名為大梵寺講經，其言行被弟子法海彙編成書，這就是被奉為禪宗宗經的《六祖大師法寶壇經》。

《六祖大師法寶壇經》，亦稱《壇經》、《六祖壇經》，全稱《南宗頓教最上大乘摩訶般若波羅蜜經六祖惠能大師於韶州大梵寺施法壇經》。

在佛教中，只有佛祖釋迦牟尼的言行紀錄能被稱作「經」，而一個宗派祖師言行錄也被稱作「經」的，惠能是絕無僅有的一個。

唐玄宗西元 713 年，惠能圓寂於家鄉新州國恩寺，享年 76 歲。次年，六祖惠能真身遷回曹溪，供奉在靈照塔中。

惠能在生前就深得朝廷的恩寵，唐代女皇武則天曾於西元 696 年為「表朕之精誠」，特地遣中書舍人賜給惠能水晶缽盂，磨衲袈裟、白氈等禮物。武則天的詔書表達了對惠能十分尊崇的心情：

恨不赴陪下位，側奉聆音，傾求出離之源，高步妙峰之頂。

惠能去世後，唐憲宗追諡惠能為「大鑑禪師」，宋太宗又加諡為「大鑑真空禪師」，宋仁宗再加諡為「大鑑真空普覺禪師」，最後宋神宗再加諡為「大鑑真空普覺圓明禪師」。唐朝文學大家王維、柳宗元、劉禹錫等都先後為惠能撰寫過長篇碑文，以記述他的事蹟。

唐玄宗時在河南滑臺的無遮大會上，惠能弟子辯倒了神秀的門人崇遠、普寂，使得「南宗」成為中國禪宗正統。

【旁注】

大乘佛教：亦稱「大乘教」，略稱「大乘」，梵文音譯「摩訶衍那」、「摩訶衍」等。詞彙出於大唐，意為大國佛教。區別於小乘是經文是否翻譯為漢文。大乘佛教則專指漢傳佛教，並與南傳、藏傳組成的三大語系。清代把漢文翻譯成其他文字的經典統稱為大乘佛教。大乘佛教的精神是利益眾生，把將眾生在苦難中解救出來。

宿儒：指素有聲望的博學之士。宿，年老的，久經其事的。原指長期鑽研儒家經典的人，泛指長期從事某種學問研究，並具有一定成就的人，也指書讀得很多的老學者。指年輩

思想交鋒：諸子百家的繁榮與影響

最尊的老師和知識淵博的學者，亦作「老手宿儒」。

河西走廊：東起烏鞘嶺，西至古玉門關，南北介於南山和北山間，南山即祁連山和阿爾金山，北山即馬鬃山、合黎山和龍首山。長約 900 公里，寬數公里至近百公里，為西北到東南走向的狹長平地，形如走廊，稱甘肅走廊。因位於黃河以西，又稱河西走廊。自古就是溝通西域的要道，著名的絲綢之路就從這裡經過。

般若：佛教用以指如實理解一切事物的智慧。般若智慧不是普通的智慧，是指能夠了解道、悟道、修證、了脫生死、超凡入聖的這個智慧。這不是普通的聰明，這是屬於道體上根本的智慧。這不是用思想得到的，而是身心兩方面整個投入求證到的智慧。這個智慧才是般若。

涅盤：又譯為般涅槃、波利昵縛男、泥洹、涅槃那。佛教用語，意義是指清涼寂靜，惱煩不現，眾苦永寂；具有不生不滅、不垢不淨、不增不減，遠離一異、生滅、常斷、俱不俱等的中道體性意義；也即成佛。佛教認為，輪回是一個必然過程，而只有到達涅盤的境界方可擺脫輪回。

圓寂：佛教用語。梵語的意譯；音譯作「般涅槃」或「涅槃」。謂諸德圓滿、諸惡寂滅，以此為佛教修行理想的最終目的。故後稱僧尼去世為圓寂。所謂圓寂，具足一切功德為圓，

遠離一切煩惱為寂，德無不圓，患無不寂。

無遮大會：指佛教定期舉行一次的布施僧俗的大齋會，又稱無礙大會。是佛教舉行的一種廣結善緣，不分貴賤、僧俗、智愚、善惡都一律平等對待的大齋會。中國的無遮大會始於梁武帝，盛行於南北朝，每5年舉行一次。印度無遮大會12年一次。

【閱讀連結】

六祖惠能圓寂後，新州、韶州、廣州、端州等地的善信都想爭迎六祖惠能的真身回去供奉，最後有人提議焚香的辦法聽取神喻。結果香燭點燃後輕煙北飄，直指曹溪。新州的官員、僧尼、百姓因留不住六祖惠能的真身而慟哭，心有不甘。當晚，國恩寺的和尚都做了同一個夢，夢見六祖惠能坐在蒲團上對他們說：「你們不要悲傷，我是身在寶林心在家。」

新州的官員、僧俗依依不捨地恭送六祖惠能真身，以及袈裟聖缽到韶州曹溪。法海、神會等一齊護送，半個月後，六祖惠能真身回到他生活了37年的弘法道場寶林寺。

思想交鋒：諸子百家的繁榮與影響

王充與《論衡》：無神論與理性批判

那時是中國東漢時期西元 27 年，在會稽上虞的一個王姓的貧苦人家中，誕生了一個男孩，父母取名叫王充。

王充的祖上曾經是西漢魏郡元城榮耀非凡的顯達望族，王氏一門內外，上有皇后、宰相，下有列侯、將軍及各級官吏。但到了東漢時期，隨著政權的轉移，王充祖上丟掉了爵位和封地，由燕趙之地遷居秀水江南，成為以農桑為業的普通人家，家族也從此走向衰落。

王充四五歲的時候，與他同齡的孩子都喜歡掩雀捕蟬，戲錢爬樹，王充卻從來不去參與，從小就表現出孤介寡和，端莊嚴整的氣質。這引起父親王誦的重視，於是，王誦在王充 6 歲時便開始教他讀書寫字，在王充 8 歲時便把他送進小學讀書。

當時，跟王充一起讀書的學童有 100 多個人，這些學生都因過失和書法不工遭到過老師的體罰，唯有王充書法日進，又無過錯，從沒被老師指責。

學會寫字後，王充便告別了書館，開始了儒家經典的專經

王充與《論衡》：無神論與理性批判

學習和儒家道德的修習。沒過多久，王充的父親就去世了，失去父親的少年王充，不但在學習上更加的用功，而且對母親非常的孝順。

王充為了學習更多的知識，常常想盡辦法向人借書看，以增加自己的知識。有一次，他到國都洛陽，經過書坊時他看到裡面有很多他沒讀過的書，便忘了要辦的事，在書坊一本接一本翻閱起來。

天色漸漸暗了下來，書坊老闆對他說：「小夥子，你已經看了一天書了，到底要買哪一部？」

王充吃驚地抬起頭來，不好意思地說：「對不起，我沒錢買書。」

書坊老闆問道：「你既然沒有錢，你來書坊幹什麼呢？」

王充說：「我來這裡是想看些書。」

書坊老闆譏諷他說：「你這麼匆忙地一本接一本地翻閱，看得進去嗎？」

王充自信地說：「當然看進去了，我不但看進去了，而且我還能背出來呢！」

書坊老闆不信，說道：「如果你能背得出哪一部書的話，我就把這部書送給你；如果背不出，以後就不許再到我這裡來白看書了，行嗎？」

思想交鋒：諸子百家的繁榮與影響

　　王充一口答應，接著，王充便不慌不忙地把自己剛才看過的幾部書從頭到尾開始背出來。

　　書坊老闆也是個有點學問的人，驚訝之餘，馬上意識到這個年輕人不同凡響，於是，把王充剛才翻過的幾部書全部送給他了。

　　東漢京師在洛陽，當時是全國政治、經濟、文化的中心。東漢的開國皇帝漢光武帝劉秀本是南陽的一位書生，奪得天下後，特別注重文雅，尤尚儒術。為了安撫這批飽學通經之士，漢光武帝特起太學，設博士，用他們來教授生徒，造就人才。

　　在當時，太學既是當時全國的最高學府，而且典籍豐富，名流薈集，也是全國最權威的學術活動中心。因此四方郡縣都挑選優秀青年進入太學深造，少年也王充因成績優異被保送到太學蘭臺學習。

　　蘭臺是東漢的皇家圖書館和國家史館，在那裡讀書作文，皆由公家供應紙墨，條件優越，待遇優厚，因此時人稱進入蘭臺為登蓬萊，世以為榮。

　　王充在太學學習期間非常勤奮，他經常利用課餘時間讀各種書，沒過多久，他便把太學裡收藏的書幾乎都讀遍了。於是，王充便常常去街市的店鋪裡找書來讀。由於家裡窮，沒錢買，他便經常在店鋪裡借書看。

王充與《論衡》：無神論與理性批判

王充讀書十分認真，記憶力又強，一部新書，讀過一遍就能把主要內容記下來。因此，王充對各家各派的學說著作都非常熟悉。

在當時，太學受今文經學的影響，盛行章句之學。傳經注重家法師承，先生們將先師的遺教記下，章有章旨，句有句解，稱為「章句」。弟子們反覆記誦，味同嚼蠟；恪守師訓，不敢越雷池一步。

東漢有個著名的經學家叫桓譚，其治學的特點是「訓詁舉大義，不為章句」，在思想方法上頗具求實精神，喜好古文經學，常與學者劉歆、揚雄「辨析疑異」，尤其反對當時盛行的讖緯之學。他曾在漢光武皇帝面前冒著殺頭的危險非議讖緯之學，對俗儒的鄙俗見解更是深惡痛絕，常常調筆譏諷，「由是多見排抵」。

王充對桓譚最為欽佩，他認為桓譚為漢世學術界斷定是非，就像一個公正的執法官一樣，並把桓譚稱為「素丞相」，以配孔子「素王」，認為評定世間的事情，討論世間疑難，沒有一個學者比得上桓譚。受桓譚的影響，王充對神學迷信、俗說虛妄也深不以為然。

有一天，有人講故事給王充他們，說春秋時期有個善良的楚惠王，這個楚惠王有次吃酸菜時，發現酸菜裡有一隻水蛭。

如果他把這條水蛭挑出來的話,廚師就會因此被處死。楚惠王憐憫廚師,就不聲不響地把水蛭和酸菜一起吞到肚裡。到了晚上,楚惠王大便時,不但把水蛭排泄了出來,而且原來肚子疼的病也痊癒了。

王充聽完這個故事,馬上就批駁了這種說法,王充解釋說:「因為人肚內的溫度高,水蛭經受不住,熱死了,所以被排泄出來。又因為楚惠王肚內有淤血,水蛭恰好吸血,在水蛭還沒熱死的時候,把他肚內的血都吸走了,所以楚惠王的病自然會好了。這是巧合,而不是『善有善報』。」

東漢時期,儒家思想仍占支配地位,但與春秋戰國時期所不同的是儒家學說打上了神祕主義的色彩,摻進了讖緯學說,使儒學變成了「儒術」。王充針對這種儒術和神祕主義的讖緯說進行批判,為此特寫了《論衡》一書。

為了寫《論衡》,王充搜集的資料裝滿了幾間屋子,房間的窗臺上、書架上都放著寫作的工具。在寫作過程中,他閉門謝客,拒絕應酬,用了幾年的功夫才寫成。

《論衡》細說微論,解釋世俗之疑,辨照是非之理,即以「實」為根據,疾虛妄之言。「衡」字本義是天平,《論衡》就是評定當時言論的價值的天平。它的目的是「冀悟迷惑之心,使知虛實之分」,也就是宣傳科學和無神論,對迷信進行了批駁。

在《論衡》裡，王充提出天地萬物都是由「氣」構成，「氣」是一種統一的物質元素。「氣」有「陰氣」和「陽氣」，有「有形」和「無形」，人、物的生都是「元氣」的凝結，死滅則複歸元氣，這是個自然發生的過程。

由「氣」這個物質性的元素出發，《論衡》指出：「天乃玉石之類」的無知的東西，萬物的生長是「自然之化」。天地、萬物和人，都是由同一的充塞於宇宙中的氣形成，而且是在運動的過程中形成，所以，「外若有為，內實自然」。而人與天地、萬物不同的是「知飢知寒」，「見五穀可食之，取而食之；見絲麻可衣，取而衣之」。所以，人和五穀不是上天有意創造出來的，而是「氣」的「自然之化」。

《論衡》不僅對當時的儒術進行了尖銳而猛烈地抨擊，而且它還批判地吸取了先秦以來各家各派的思想，特別是道家黃老學派的思想，對先秦諸子百家的「天道」、「禮和法」、「鬼神與薄葬」、「命」、「性善和性惡」等等，都進行了系統的評述。因此，後人稱《論衡》書是「博通眾流百家之言」的古代小百科全書。

《論衡》敢於宣佈世界是由物質構成的，敢於不承認鬼神的存在，敢於向孔孟的權威挑戰，並確立了一個比較完整的古代唯物主義體系，這在歷史上是達到了劃時代的作用的。

《論衡》對後來的唯物主義者、無神論者，諸如魏晉時期

思想交鋒：諸子百家的繁榮與影響

的思想家楊泉、南朝宋時的思想家何承天、南朝齊梁時的無神論者範縝、唐朝時期的大學問家劉禹錫和柳宗元、明清之際的思想家王夫之等等，都產生了不同程度的影響。

【旁注】

燕趙：「燕趙」是中國河北別稱。人們以「燕趙」稱這塊土地，乃為表示其悠久的歷史。古老的燕趙文化，樸實豪放的民風，造就了世代相傳的燕趙俠風。

太學：中國古代的大學。太學之名始於西周。漢代始設於京師。漢代太學的建立，象徵著中國封建官立大學制度的確立。漢代太學在傳播文化方面，也起了重要作用。太學提倡自學、允許自由研討、鼓勵學成通才的做法，對於今天改革大學教育仍然富有啟發。

今文經學：指漢初由老儒背誦，口耳相傳的經文與解釋，由弟子用當時的隸書記錄下來的經典，是中國古代儒學重要流派。今古文經學在文化上的意義是，開創帝國氣象的政治與神學結合的知識活動，對於保存先秦典籍的文字訓詁工作有重要貢獻。

讖緯之學：是古代的具有宗教神學色彩的政治宣傳心理學，在西漢末年大興，到東漢成為占統治地位的思想，對東漢政

王充與《論衡》：無神論與理性批判

治、社會生活與思想學術均產生過十分重大的影響。讖緯中含有許多天文、歷數、地理等方面的古代自然科學知識。此外，其中的「三綱」也成為中國君主專制社會的最高倫理規範。

桓譚（西元前 23 年～50 年）：字君山，沛國相人。東漢思想家、經學家、琴家。桓譚的論著很受時人和後世學者重視。桓譚是兩漢之際著名學者。桓譚治學，求知求實，追求真理，不唯命是從，不怕打擊迫害，這種治學精神，難能可貴，值得士人學者學習。

無神論：廣義上講，無神論是不相信一切鬼神或靈魂的存在的思想的總和；狹義上，無神論指認為鬼神不存在的思想。無神論並沒有統一的思想，但一些無神論者可能相信諸如占星術、緣分等偽科學。無神論經常與反神論相混淆，前者是拒絕相信有神論，而後者是直接明確反對有神論。

【閱讀連結】

王充到太學的時間，大約在建武年間西元 44 年，年紀 18 歲，風華正茂，正是學知識，長見識的大好時機。不過，當時太學受今文經學的影響，盛行章句之學。加之漢光武帝沉迷緯書讖記，事無巨細，皆決於圖讖，神學迷信，充斥學壇。

當時的太學教育不僅方法僵死，而且內容虛誕。好在這時

王充的前輩學者社林、鄭眾、桓譚、班彪等人都在京師,他們都是古文經學家,博學淹貫,號稱大儒。在數家之中,王充對桓譚和班彪最為推崇,受他們的影響也最深。

王充與《論衡》：無神論與理性批判

國家圖書館出版品預行編目資料

古老哲學，哲學流派與經典著作：當先賢思想交鋒，文明如何選擇？歷史早已給出答案！ / 肖東發 主編，高立來 編著. -- 第一版. -- 臺北市：複刻文化事業有限公司，2025.02
面；　公分
POD 版
ISBN 978-626-7671-39-9(平裝)
1.CST: 中國哲學
120　　　114001588

古老哲學，哲學流派與經典著作：當先賢思想交鋒，文明如何選擇？歷史早已給出答案！

主　　編：肖東發
編　　著：高立來
發 行 人：黃振庭
出 版 者：複刻文化事業有限公司
發 行 者：崧燁文化事業有限公司
E - m a i l：sonbookservice@gmail.com
粉 絲 頁：https://www.facebook.com/sonbookss/
網　　址：https://sonbook.net/
地　　址：台北市中正區重慶南路一段 61 號 8 樓
8F., No.61, Sec. 1, Chongqing S. Rd., Zhongzheng Dist., Taipei City 100, Taiwan
電　　話：(02) 2370-3310　　傳　　真：(02) 2388-1990
印　　刷：京峯數位服務有限公司
律師顧問：廣華律師事務所 張珮琦律師

-版權聲明-

本書版權為大華文苑出版社所有授權複刻文化事業有限公司獨家發行繁體字版電子書及紙本書。若有其他相關權利及授權需求請與本公司連繫。
未經書面許可，不可複製、發行。

定　　價：299 元
發行日期：2025 年 02 月第一版
◎本書以 POD 印製